한국인의 영어문장 강화 프로젝트 –1
간결하고 힘찬 영어 쓰기

국립중앙도서관 출판시도서목록(CIP)

간결하고 힘찬 영어 쓰기 / 안수진 〔지음〕.
— 서울 : 한국방송통신대학교출판부, 2008
  p. ;   cm. — 〔아로리총서 ; 11 - 소통과 글쓰기4〕

ISBN 978-89-20-92831-4 04080 : \5900원
ISBN 978-89-20-92820-8(세트)

영어 작문

746-KDC4
428-DDC21   CIP2008003473

한국인의 영어문장 강화 프로젝트-1

간결하고 힘찬 영어 쓰기

ⓒ 안수진, 2008

2008년 12월 1일 초판 1쇄 펴냄
2018년 4월 3일 초판 5쇄 펴냄

지은이 / 안수진
펴낸이 / 류수노

편집 / 박혜원
표지 및 본문 디자인 / 보빙사
인쇄용지 / 한솔제지(주)

펴낸곳 / (사)한국방송통신대학교출판문화원
        등록 1982년 6월 7일 제1-491호
        주소 서울특별시 종로구 이화장길 54 (우-03088)
        전화 02-3668-4764
        팩스 02- 741-4570
        홈페이지 http://press.knou.ac.kr

<지식의 날개>는 한국방송통신대학교출판문화원의 교양도서 브랜드입니다.

아로리총서 : 소통과 글쓰기-4

한국인의 영어문장 강화 프로젝트 -1
간결하고 힘찬 영어 쓰기

안 수 진

지식의날개

'한국인의 영어 문장 강화 프로젝트' 시리즈는 문법 실수는 별로 없는데 어딘지 모르게 어색하고 빈약하고 비효율적인 문장을 쓰는 '문법은 고수, 문장은 초보'인 분들을 위해 나왔습니다. 또한 이 시리즈는 문법은 잘 모르더라도 좋은 문장을 향한 튼튼한 기초를 다지고자 하는 실속파를 위해 나왔습니다.

이 시리즈의 목표는 틀린 것을 맞게 고치는 데 있지 않습니다. 명백히 틀리지는 않지만 한국 학생들이 자기도 모르게 습관적으로 답습하는 어색한 한국식 표현의 한계를 넘어 한층 더 자연스럽고 풍부하고 효율적인 문장을 구사할 수 있는 능력 개발에 그 목적이 있습니다. 여러분이 이미 구사하고 있는 바르고 훌륭한 표현과 문장 패턴에 품위 있는 다채로움을 가미하는 것 또한 중요한 목적입니다.

이 시리즈의 특징은 특히 한국 학생들의 문장에서 자주 발생하는 '한국적인' 오류들에 대한 체험적 인식을 바탕으로 그 오류들을 바로 잡을 수 있는 매우 구체적인 학습 항목들을 제시한다는 데 있습니다. 이 시리즈에 채택된 대부분의 예문이 한국 학생들의 실제 문장을 토대로 만들어진 만큼, 그에 대해 제시된 해결책들은 특별히 한국인들을 위한 맞춤형 전략이라 할 수 있습니다.

이 책 의 활 용 법

😭

문법적으로는 오류가 없지만 엉성하고 비효율적인 한국식 표현의 문장입니다. 실제 한국 학생들이 습관적으로 자주 구사하는 예문을 모아 보여줍니다. 아마 여러분에게도 매우 익숙하여 오히려 편안하게 느껴지는 문장들일 겁니다. 하지만 지금 이 순간부터 이런 어색한 표현은 잊어버리는 게 좋습니다. 네이티브가 구사하는 훨씬 자연스럽고 훌륭한 표현은 따로 있으니까요.

😊

품위 있는 네이티브가 구사하는 탄탄하고 간결한 문장입니다. 한국식 표현의 증상을 세밀하게 진단한 후 단 하나의 간단한 처방으로 훌륭한 개선 전략을 제시합니다. 한국식 문장의 엉성함이 잘 와 닿지 않던 분들도 이 문장을 보는 순간 자신의 잘못을 깨닫고 힘차고 간결한 문장의 매력에 빠져들게 됩니다. 익숙해질 때까지 여러 번 읽어 보면서 머릿속에 간직하세요.

📖

힘차고 간결한 네이티브식 문장을 확장시켜 더 실용적으로 활용하는 방법을 알려줍니다. '구슬이 서말이라도 꿰어야 보배'인 것처럼 훌륭한 문장을 이리저리 응용해 보면서 적시에 써먹어야 열심히 공부한 보람이 있겠죠. 여기까지 훈련하면 네이티브의 '감'이 어느새 여러분의 좌뇌에 확실히 들어앉았을 겁니다.

❖ 실전문제

당신의 능력을 보여줘야 할 시간입니다. 이젠 불편하게 느껴져 더 이상 참을 수 없는 한국식 표현을 눈에 보이는 대로 색출한 후, 간결하게 고쳐 주시면 됩니다. 앞에서 처방받은 맞춤형 전략을 잊지 않고 있다면 식은 죽 먹기보다 쉬운 문제들입니다. 문제를 풀기도 전에 답부터 확인하는 약한 모습은 자제해 주세요.

간결한 문장이란 무엇인가

간결한 문장은 짧은 문장이 아니라 불필요한 요소 없이 주요 의미 성분들이 가장 최소한의 연결어들로 짜여진 문장을 뜻합니다. 다음 예문 중 간결하지 못한 문장들을 찾아보세요.

① A woman was reading a newspaper on the bench.

② A young, dark-haired woman wearing glasses was reading a newspaper on the bench under the big oak tree.

③ A young, dark-haired woman was reading a newspaper while she was sitting on the bench.

④ A woman who is young and has dark hair was sitting and reading a newspaper on the bench, wearing glasses.

간결하지 못한 문장은 ③번과 ④번이죠. 'while she was sitting', 'who is', 'has', 'was sitting' 등은 꼭 필요하지 않은 군더더기 표현들이니까요. ①번과 ②번처럼 불필요한 요소가 전혀 없는 문장이, 사람 몸에 비유하자면, 주요 신체 기관들이 직접적인 원활한 소통을 통해 효율성 있게 작동하는 건강한 신체에 해당합니다.

왜 간결하게 써야 하는가

첫째, 내가 전달하고자 하는 의미를 독자의 눈에 머리에 쏘~옥 들어가도록 구성하기 위해서랍니다. 몸에 해로운 콜레스테롤이 혈관에 쌓이면 혈류를 막듯이 불필요한 요소들이 습관처럼 문장에 박히면 문장 주요 요소들간의 원활한 의사소통이 방해를 받습니다.

둘째, 다양한 길이의 문장을 자유롭게, 깔끔하게 구사하기 위해서입니다. 문장을 쓸 때는 그 길이가 천편일률적이면 지루하고 기계적인 느낌을 주니 짧은 문장, 중간 문장, 긴 문장을 골고루 활용하는 것이 이상적입니다. 이때 임팩트가 강한 짧은 문장을 쓸 시점에 불필요한 말이 들어가면 쳐지듯 힘없이 길어지고, 많은 핵심 정보들을 한 문장에 압축시키는 긴 문장에 불필요한 말이 들어가면 그야말로 정신없는 횡설수설이 되기 십상입니다. 짧은 문장의 간결함과 긴 문장의 명료함을 제대로 살리기 위해 필요한 말만 쓰는 내공을 키울 필요가 있습니다.

셋째, 필요한 정보나 논리의 양적인 미흡함을 선명히 인식하기 위해서입니다. 내 글에 군더더기가 상당한 공간을 차지하고 있으면, 채워야 할 공간을 내가 다 채운 착각이 들어 추가해야 할 정보

찾기와 분석을 등한시할 수 있습니다. 남들도 다 알거나 하나마나 한 막연한 얘기가 아닌 나만의 경험과 분석, 통찰 등을 풀어낼 충분한 공간 마련을 위해 버릴 것은 버려야 합니다.

책의 구성과 각 장의 취지는 이렇습니다

1장 | 불필요한 요소를 과감히 빼자!

일단 원리만 알면 바로 적용시킬 수 있는 가장 쉬운 내용이기 때문에 간결한 문장을 만드는 첫 걸음으로서 첫 장에 넣었습니다. 특히 한국 학생들이 습관적으로 자주 넣는 불필요한 요소들을 보여줍니다. 조금만 훈련하면 금방 좋아집니다.

2장 | 전달력 강한 어휘를 120% 활용하자!

영어 공부의 시발점이 되는 어휘공부가 단순히 어휘 시험이나 독해 시험만을 위한 준비가 되어서는 안 됩니다. 글 자체가 말보다 더 많은 어휘를 요구하지만 간결한 문장은 훨씬 더 많은 어휘를 요구합니다. 보신 후 더욱 풍부한 어휘를 습득해야 할 필요성을 느끼신다면 이 장의 취지를 제대로 파악하신 겁니다.

3장 ┃ 다양한 단문 활용법을 익히자!

원리를 알아도 바로 적용시키기는 쉽지 않으나 어휘처럼 알아두어야 할 내용이 무궁무진하지는 않은, 쉽지도 어렵지도 않은 내용입니다. 영어 공부 웬만큼 하신 분들에게는 이 장에 소개된 다양한 단문 형태들이 낯설지 않을 겁니다. 이 기회에 글쓰기에 자유자재로 구사할 수 있도록 잘 익혀 두시면 두고두고 유용할 겁니다.

4장 ┃ 간결 어휘를 콕콕 집어 익혀두자!

글쓰기의 시작이자 끝인 어휘. 무작정 외우는 것보다는 어떻게 다채로운 어휘가 간결함을 돕는지, 그러한 기본 어휘들에는 어떤 것들이 있는지 눈으로 확인하고 알아두시면 더욱 효과적이고 지속적인 학습으로 이어질 것입니다.

마지막으로 유의하실 점은 이 책에 제시된 간결한 표현의 원칙들이 모든 상황에서 우선되어야 할 절대적인 원리는 아니라는 겁니다. 물론 간결한 문장은 대부분의 경우 좋은 문장입니다. 다만 궁극적으로 간결함보다 더욱 중요한 미덕은 주변 문장들과의 조화와 글쓴이가 노리는 효과의 정확한 구현이지요. 이 책의 메시지는 정확히 말해 '언제나 무조건 간결하게 써야 한다'가 아니라 '간결해야 할 곳곳에서 간결할 수 있는 능력을 키우자'임을 알아주시기 바랍니다.

차례

chapter 1

불필요한 요소를 과감히 빼자!

chapter 2

전달력 강한 어휘를 120% 활용하자!

chapter 1

불필요한 요소를 과감히 빼자!

불필요한 요소를 과감히 빼자!

예를 들어, 내가 한 눈에 반하고 그 후로도 쭉 사모하는 맘으로 애태운 사람이 있다고 합시다. 벼르고 별러 그 사람에게 고백하는 순간에 "내 생각에 나한텐 너에 대한 어떤 특별한 감정이 있는 것 같아"라고 말하면 나의 뜨거운 마음이 상대방에게 잘 전달될까요?

물론 어떤 독특한 맥락에서는 이런 표현도 효과를 거두지 말라는 법은 없습니다. 그러나 일반적인 상황에서 만족스런 성과를 거두기는 힘들 겁니다. 하등 필요치 않은, '내 생각에 ~같아', '나한텐', '어떤' 등의 군더더기가 끼어 버리면 멋진 그 또는 그녀로 하여금 '이 사람 진짜 말 못한다' 혹은 '우유부단하다'라는 인상을 지체 없이 심어 주거나 심지어 '특별한 감정이 있다는 거야, 없다는 거야, 날 갖고 노는 거야?'라는 의구심마저 불러일으키기 십상입니다.

설상가상으로 연애편지를 쓰기로 마음먹고 크고 작은 사족들을 검은 잉크에 잔뜩 묻혀 보낸다면 본의 아니게 만들어 낸 좋지 않은 인상이 영원히 활자로 남게 됩니다.

'너에게 특별한 감정을 느끼고 있다', '널 많이 좋아해', '널 사랑해' 등과 같이 하나도 뺄 것이 없는 간결한 문장들이 나의 진심을 깔끔하고 강도 있게 전달합니다. 영어로 표현할 때도, 'I think I have some kind of special feelings for you' 하면 상대방이 어이없는 표정을 지으며, 'Excuse me?' 할 겁니다. 간결하게 'I have feelings for you', 'I love you', 'Be mine' 이라고 하면 행여 거절은 당하더라도, 말도 잘 못하고 심지어 진지하지도 않은 엉뚱한 사람이라는 오해는 사지 않겠지요. 'You complete me', 'You had me at hello' 와 같은 영화 속의 대사들이 가슴을 파고드는 이유 중의 하나도 그 촌철살인의 간결함일 겁니다.

이와 마찬가지로 꼭 나의 애절한 마음이 아닐지라도 내가 전달하고자 하는 모든 감정과 생각들이 길건 짧건 간에 군더더기 없는 문장에 담길 때 그 의미가 충실하면서도 운치 있게 전달된답니다.

불필요한 be 동사를 빼주세요 (1)

> 😟 There are thousands of people who have recovered from cancer.
>
> 암을 이겨낸 사람들이 수천 명이 있다.

　불필요한 'There be' 구문은 처진 뱃살처럼 문장을 생기 없이 늘어지게 합니다. 이 문장의 'are' 는 뒤에 'have recovered' 라는 동사가 엄연히 존재하므로 없어도 무방한 동사입니다. 'There are' 를 빼면서 관계 대명사 'who' 도 함께 버리면, 다음과 같은 날씬한 문장으로 다시 태어납니다.

> 😄 Thousands of people have recovered from cancer.
>
> 수천 명이 암을 이겨냈다.

여기에 필요한 내용을 덧붙이면 여러 가지 좋은 문장이 됩니다.

· The doctor told me thousands of people have recovered from cancer over the last five years.

　의사 선생님은 지난 5년 동안 수천 명이 암을 이겨냈다고 내게 말씀해 주셨다.

· I will not give up because I know that thousands of people have recovered from cancer.

　수천 명이 암을 이겨낸 것을 알기에 난 포기하지 않을 것이다.

There was a cute little girl who was sitting on the bench.

벤치에 앉아 있는 작고 귀여운 소녀가 있었다.

A cute little girl was sitting on the bench.

작고 귀여운 소녀가 벤치에 앉아 있었다.

· When I left your house, a cute little girl was sitting on the bench.

내가 너희 집을 나올 때 작고 귀여운 소녀가 벤치에 앉아 있었다.

· While a cute little girl was sitting on the bench, her brother played softball with his friends.

작고 귀여운 소녀가 벤치에 앉아 있을 동안, 그 아이의 오빠는 친구들과 소프트볼 놀이를 했다.

* 주의 | There be 구문에서 be 동사가 문장의 유일한 동사인 경우 be 동사를 생략할 수 없습니다.

· There are thousands of people on the playground.

수천 명의 사람이 운동장에 있다.

* 주의 | 관계대명사가 주격이 아닌, 목적격인 경우에는 be 동사를 생략할 수 없습니다.

· At the bus stop, there was a girl whom I met on my first blind date.

나의 첫 번째 미팅에서 만났던 여자가 버스 정류장에 있었다.

불필요한 be 동사를 빼주세요 (2)

> 😟 Those who are invited to the party should wear their traditional costume.
>
> 파티에 초대받은 이들은 그들의 전통의상을 입어야 한다.

주격 관계대명사(that, which, who)뒤에 바로 be 동사가 올 때는 대체로 두 단어 모두 빼줍니다. 이 두 단어의 생략법은 영어 공부 웬만큼 한 사람은 다 알기 때문에 문장 이해에 지장을 주지 않는답니다.

> 😊 Those invited to the party should wear their traditional costume.
>
> 파티에 초대받은 이들은 그들의 전통의상을 입어야 한다.

> 😟 I want to have a girlfriend who is smart and humorous.
>
> 똑똑하고 재미있는 여자 친구가 있으면 좋겠습니다.

관계사절에 있는 형용사는 선행사인 명사 앞으로 옮깁니다. 이때 형용사가 둘 이상인 경우에는 대체로 형용사 사이에 and 대신 쉼표(comma)를 넣어 줍니다.

> 😊 I want to have a smart, humorous girlfriend.
>
> 똑똑하고 재미있는 여자 친구가 있으면 좋겠습니다.

I live in an apartment that is located right next to the Han River.

나는 한강 둔치에 위치한 아파트에 산다.

⋮ ⋮

I live in an apartment located right next to the Han River.

Holidays are not a happy time for a man who is 29-year-old, unmarried and unemployed like me.

명절은 나처럼 직장도 없고, 결혼도 못한 스물 아홉 살 남자에게는 행복한 시간이 아니다.

⋮ ⋮

Holidays are not a happy time for an unmarried, umemployed, 29-year-old man like me.

* 주의 | be 동사에 조동사가 함께 있거나 완료형 시제이면 생략할 수 없습니다.

· The strange man who had been sleeping on my couch opened his eyes.

내 소파에서 잠자던 낯선 남자가 눈을 떴다.

불필요한 be 동사를 빼주세요 (3)

> 😭 Spring is the season that relaxes me.
>
> 봄은 나를 편안하게 해주는 계절이다.

위 문장에서는 봄이 계절인 점이 중요한 것이 아니라, 나를 편안하게 해주는 점이 중요합니다. 불필요한 be 동사를 써서 누구나뻔히 아는, 주어가 속한 넓은 범주를 군이 언급할 필요가 없답니다. 내용 없는 허례허식은 빼고 주어와 동사를 사이좋게 나란히 놓아 주세요.

> 😊 Spring relaxes me.
>
> 봄은 나를 편안하게 한다.

이렇게 산뜻해진 문장은 여러모로 쓰임새가 많습니다.

· Winter makes me alert and spring relaxes me.

겨울은 나를 긴장시키고 봄은 나의 긴장을 풀어준다.

· When I told Julie that she looked happy, she said spring relaxed her.

내가 줄리에게 행복해 보인다고 말하자, 그녀는 봄이 그녀를 편안하게 한다고 말했다.

Skin color should not be one of the items that are the measuring sticks for one's ability.

피부색이 사람의 능력을 재는 척도 중의 하나가 되어서는 안 된다.

⋮ ⋮

Skin color should not be a measuring stick for one's ability.

피부색이 사람의 능력을 재는 척도가 되어서는 안 된다.

· The foreign workers insisted that skin color should not be a measuring stick for one's ability.

그 외국 노동자들은 피부색이 사람의 능력을 재는 척도가 되어서는 안 된다고 주장했다.

· Although most members agree on that skin color should not be a measuring stick for one's ability, they still choose a white person as their leader.

대부분의 회원들은 피부색이 사람의 능력을 재는 척도가 되어서는 안 된다는 것에 동의하지만, 여전히 자신들의 지도자로서 백인을 선택한다.

❖ 실전문제 | 불필요한 be 동사 없는 간결한 문장
으로 다시 써보세요

1. There were a lot of high school students who were
   studying in the public library.

   ⇨

2. There were colorful flowers that bloomed beautifully in
   the garden.

   ⇨

3. My aunt is taking care of pet animals that were
   abandoned by their owners.

   ⇨

4. Open your heart that is closed.
   ⇨

5. The autumn sky is similar to a calm lake that is clear.
   ⇨

6. She is wearing earrings that were long and made of silver.
   ⇨

7. Soccer is the sport that I like most.
   ⇨

8. Red roses are the symbol that represents passionate love.
   ⇨

9. Who would be the one who oppose our marriage most strongly?

⇨

10. When the red flower fades, that is the time the leaves show their green cheeks.

⇨

11. The time I spent with my young cousins was a great time to bring my childhood back.

⇨

답 | 1. A lot of high school students were studying in the public library. 2. Colorful flowers bloomed beautifully in the garden. 3. My aunt is taking care of pet animals abandoned by their owners./My aunt is taking care of abandoned pet animals. 4. Open your closed heart. 5. The autumn sky is similar to a calm, clear lake. 6. She is wearing long silver earrings. 7. I like soccer most./My favorite sport is soccer. 8. Red roses represent /symbolize passionate love. 9. Who would oppose our marriage most strongly? 10. When the red flower fades, the leaves show their green cheeks. 11. The great time I spent with my young cousins brought my childhood back.

불필요한 전치사를 빼주세요 (1)

> 😕 The teacher in math wore a weird smile when I said, 'It's gap of generation.'
>
> 내가 '그게 세대의 차이에요'라고 말했을 때 수학시간의 선생님은 야릇한 미소를 지으셨다.

'teacher in math'와 'gap of generation'을 보세요. 전치사 in과 of가 두 개의 명사와 팔짱을 끼고 있는 모양새죠? 이런 경우 두 명사가 전치사는 집에 들여보내고 자기들끼리 더 가까이 있고 싶어할 수 있습니다. 뒤의 명사를 앞의 명사 앞으로 옮겨서 말이 되는지 보세요. 말이 되면 두 명사를 붙여서 하나의 복합명사로 써줍니다.

> 😊 My math teacher wore a weird smile when I said, 'It's generation gap.'
>
> 내가 '그게 세대차이에요'라고 말했을 때 수학 선생님은 야릇한 미소를 지으셨다.

If you suffer from constant loss of weight, you should change your habit of eating.

당신이 체중의 지속적인 감소로 고통받고 있다면 먹는 것의 습관을 바꿔야 한다.

⋮ ⋮

If you suffer from constant weight loss, you should change your eating habit.

당신이 지속적인 체중감소로 고통받고 있다면 식습관을 바꿔야 한다.

* 복합명사의 더 많은 예

ribs of pork ⋯⇢ pork ribs 돼지 갈비

rate of crime ⋯⇢ crime rate 범죄율

students of college ⋯⇢ college students 대학생들

loss of memory ⋯⇢ memory loss 기억상실

peace of the world ⋯⇢ world peace 세계 평화

reduction of cost ⋯⇢ cost reduction 비용 절감

addiction of alcohol ⋯⇢ alcohol addiction 알콜 중독

a factory of shoes ⋯⇢ a shoe factory 신발 공장

mistake of delivery ⋯⇢ delivery mistake 배달 착오

night in summer ⋯⇢ summer night 여름 밤

an expert in investment ⋯⇢ an investment expert 투자 전문가

activists for human rights ⋯⇢ human rights activists 인권 운동가들

technology of nuclear fusion ⋯⇢ nuclear fusion technology 핵융합 기술

fresh air in the morning ⋯⇢ fresh morning air 신선한 아침 공기

pollutioin of air ⋯⇢ air pollution 대기오염

price of oil ⋯⇢ oil price 유가

increase in price ⋯⇢ price increase 물가인상

a writer of science fiction ⋯⇢ a science fiction writer 공상과학 소설가

cost of educatioin ⋯⇢ education cost 교육비

a cafeteria in school ⋯⇢ a school cafeteria 교내 식당

snack at night ⋯⇢ night snack 밤참

abuse of children ⋯⇢ child abuse 아동학대

a policy of government ⋯⇢ a government policy 정부정책

an account in a bank ⋯⇢ a bank account 예금계좌

a hero in a war ⋯⇢ a war hero 전쟁 영웅

a weapon for mass destruction ⋯⇢ a mass destruction weapon 대량살상무기

soup of mushroom ⋯⇢ mushroom soup 버섯 수프

a product for hair ⋯⇢ a hair product 모발 제품

circulation of blood ⋯⇢ blood circulation 혈액순환

불필요한 전치사를 빼주세요 (2)

😟 Learn how to love yourself for the maximization of your happiness.

당신의 행복의 극대화를 위하여 자신을 사랑하는 방법을 배우라.

'~을 하기 위하여'라는 의미를 표현할 때, 'for the maximization of'와 같이 전치사+추상명사+전치사로 연결되는 구문을 쓰면 권위적인 교장 선생님의 장황한 연설처럼 길고 무거운 느낌을 준답니다. 그 추상명사를 경쾌한 동사로 바꿔 to부정사로 써보세요.

😊 Learn how to love yourself to maximize your happiness.

당신의 행복을 극대화시키기 위해 자신을 사랑하는 방법을 배우라.

'행복을 극대화시킨다'는 목적을 향한 의지가 한층 더 분명하게, 소탈한 진실성의 느낌과 함께 전달됩니다.

· Don't take advantage of others to maximize your happiness.

당신의 행복을 극대화시키기 위해 남을 이용하지 말라.

· To maximize fear, the director added more dramatic sound effects.

공포를 극대화시키기 위해 감독은 더욱 극적인 음향 효과를 추가했다.

Government took an extreme measure for the stabilization of real estate price.

정부는 부동산 가격의 안정화를 위해 특단의 조치를 취했다.

⋮ ⋮

Government took an extreme measure to stabilize real estate price.

정부는 부동산 가격을 안정화시키기 위해 특단의 조치를 취했다.

· To stabilize petroleum prices, government searched for another supplier in vain.

석유 가격을 안정시키기 위해 정부가 또 다른 석유 공급국을 찾았으나 허사였다.

· The doctors strictly forbade me to get near my grandmother to stabilize her condition.

할머니의 상태를 안정시키기 위해 의사들은 내가 할머니 곁에 가는 것을 엄격하게 금했다.

❖ 실전문제 ㅣ 불필요한 전치사 없는 간결한 문장
으로 다시 써보세요

1. Korea has the lowest rate of birth in the world.

⇨

2. Some people fervently approve of the research of stem cell.

⇨

3. In recent five years, the number of programs about health
   has greatly increased.

⇨

4. The patients of cancer should have healthy diet.

⇨

5. When I lost the game, members of my team consoled
   me with their kind words and smiles.

⇨

6. My father took us to a steak house for the celebration of
   my mother's birthday.

⇨

7. Scientists are working on creating a clone for the purpose
   of providing organs.

⇨

8. They fetched a pile of logs for building of the destroyed cabin.

⇨

9. Various reform programmes have been launched for the establishment of a stronger economy.

⇨

10. We didn't know that the new policy had been designed for the reduction of private education cost.

⇨

답 | 1. Korea has the lowest birth rate in the world. 2. Some people fervently approve of stem cell research. 3. In recent five years, the number of health programs has greatly increased. 4. Cancer patients should have healthy diet. 5. When I lost the game, my team members consoled me with their kind words and smiles. 6. My father took us to a steak house to celebrate my mother's birthday. 7. Scientists are working on creating a clone to provide organs. 8. They fetched a pile of logs to build the destroyed cabin. 9. Various reform programmes have been launched to establish a stronger economy. 10. We didn't know that the new policy had been designed to reduce private education cost.

중복되는 내용을 빼주세요 (1)

😵 Most people have no idea how deadly and serious this virus is.

대부분의 사람들은 이 바이러스가 얼마나 치명적이고 심각한지 모른다.

'deadly'라는 형용사는 '너무나 심각하여 죽음을 불러올 수 있는'이라는 '무서운' 의미를 이미 지니고 있습니다. 의미가 중복되면서 더 약한 'serious'를 덧붙이는 것은, 'serious'에게 다른 사람 말 잘 안 듣고 있다가 뒷북치는, 민망한 일을 시키는 셈이 됩니다.

😊 Most people have no idea how deadly this virus is.

대부분의 사람들은 이 바이러스가 얼마나 치명적인지 모른다.

😵 My sister will be a very gorgeous bride.

내 여동생은 매우 눈부신 신부가 될 겁니다.

'gorgeous'는 '눈부신', '찬란한' 등으로 표현되며 '매우' 아름답다는 의미를 지닙니다. 'very gorgeous'라고 하면 '매우 매우 아름다운'이라는 의미 중복에다, 촐싹 맞은 과장의 기운까지 풍기니 조심해야 합니다.

😊 My sister will be a gorgeous bride.

내 여동생은 눈부신 신부가 될 겁니다.

30

Perfectionists have anxiety and worry about making a very small mistake.

완벽주의자들은 아주 작은 실수 하나 저지르는 것에도 두려움과 걱정을 느낀다.

⇣ ⇣

Perfectionists have anxiety about making a very small mistake.

완벽주의자들은 아주 작은 실수 하나 저지르는 것에도 두려움을 느낀다.

When I opened the window, a cool, soft breeze blew into my room.

창문을 열자 시원하고 부드러운 산들바람이 방으로 불어 들어왔다.

⇣ ⇣

When I opened the window, a cool breeze blew into my room.

창문을 열자 시원한 산들바람이 방으로 불어 들어왔다.

중복되는 내용을 빼주세요 (2)

😟 The police finally concluded that the driver was
responsible for the accident.

경찰은 운전자에게 사고의 책임이 있다고 최종적으로 최종 결론 내렸다.

'concluded' 라는 동사에는 이미 '최종적으로 결론 내렸다' 라
는 의미가 있기 때문에, 부사 'finally' 는 하는 일 없이 자리만 축
내는 한량과 같습니다.

😊 The police concluded that the driver was responsible
for the accident.

경찰은 운전자에게 사고의 책임이 있다는 최종 결론을 내렸다.

😟 My boss emphasized honesty and placed value on
integrity.

내 상사는 정직함을 강조했고 성실함에 가치를 두었다.

'emphasized' 와 'placed value on' 은 그 의미가 너무나 흡사
합니다. 다르게 생겼더라도 그 의미가 거의 동일하다면, 하나의 동
사나 동사구로 뒤에 오는 말들을 감당하게 하는 것이 좋습니다.

😊 My boss emphasized honesty and integrity.

내 상사는 정직함과 성실함을 강조했다.

The clerk pretended to have no problem, but it was not true.

점원은 아무 문제가 없는 척했지만 그것은 사실이 아니었다.

⋮ ⋮

The clerk pretended to have no problem.

점원은 아무 문제가 없는 척했다.

The mask liberated him from his reason and let him get away from his self-consciousness.

가면은 그를 이성으로부터 해방시켰고 자의식으로부터 벗어나게 해주었다.

⋮ ⋮

The mask liberated him from his reason and his self-consciousness.

가면은 그를 이성과 자의식으로부터 해방시켰다.

❖ 실전문제 | 중복되는 내용이 없는 간결한 문장으로 다시 써보세요

1. My most favorite season is spring.

⇨

2. The tourists were extremely pleased by the very dazzling scenery.

⇨

3. We should not judge people by their outer appearances.

⇨

4. The horror movie I watched last night was very shocking.

⇨

5. Cars constantly kept entering the underground parking lot.

⇨

6. You always grumble about your life and are never satisfied with it.

⇨

7. These two problems are not separated but connected.

⇨

8. I burst into a cough abruptly.

⇨

9. The refrigerator was empty and there was nothing.

⇨

10. The children began to break the rules and started to ignore what their parents said.

⇨

11. The war has left us a question about human nature and the need to reconsider about equality.

⇨

답 | 1. My favorite season is spring. 2. The tourists were extremely pleased by the dazzling scenery. 3. We should not judge people by their appearances. 4. The horror movie I watched last night was shocking. 5. Cars constantly entered the underground parking lot./Cars kept entering the underground parking lot. 6. You always grumble about your life. 7. These two problems are (inseparably) connected. 8. I burst into a cough. 9. The refrigerator was empty. 10. The children began to break the rules and ignore what their parents said. 11. The war has left us questions about human nature and equality.

불필요한 요소를 과감히 빼자 35

뻔한 내용을 빼주세요 (1)

> 😄 Standing by the window, I looked down the empty street through the window.
>
> 나는 창가에 서서 창문을 통해 텅 빈 거리를 내려다보았다.

창가에 서서 '창문을 통해' 밖을 내다보는 것은 너무나도 뻔한 일입니다. 상식적으로나 문맥상 누구나 짐작할 수 있는 내용을 굳이 써주는 것은 재미난 개그에 이미 폭소를 터뜨린 청중에게 그 개그의 함의를 설명하는 부질없는 시도와 같답니다.

> 😊 Standing by the window, I looked down the empty street.
>
> 나는 창가에 서서 텅 빈 거리를 내려다 보았다.

> 😄 Her hair was purplish green in color.
>
> 그녀의 머리카락은 색깔이 자줏빛 도는 녹색이었다.

'purplish green'이 색(color)의 일종이라는 것을 모르는 사람이 있을까요? 어떤 단어가 속한 넓은 범주를 굳이 명시할 필요는 없습니다.

> 😊 Her hair was purplish green.
>
> 그녀의 머리카락은 자줏빛 도는 녹색이었다.

Right after lunch, my mother and I went out and drove to the shopping mall.

점심 직후 엄마와 나는 밖으로 나가 차를 몰고 쇼핑몰로 갔다.

⋮ ⋮

Right after lunch, my mother and I drove to the shopping mall.

점심 직후 엄마와 나는 차를 몰고 쇼핑몰로 갔다.

The mild-looking lady is guilty of the crime of attempted murder.

저 온순해 보이는 여인이 살인미수라는 범죄를 저질렀다.

⋮ ⋮

The mild-looking lady is guilty of attempted murder.

저 온순해 보이는 여인이 살인미수를 저질렀다.

뻔한 내용을 빼주세요 (2)

> 😃 In my opinion, I think that schools should serve healthy food for their students.
>
> 내 견해로는 나는 학교 당국이 학생들에게 몸에 좋은 음식을 제공해야 한다고 생각한다.

　다른 이의 말이나 글을 인용하는 경우가 아니라면, 자신이 쓰는 대부분의 내용은 자신의 생각과 주장이므로 '내 생각에는', '내 경우에는' 하는 식의 사족이 필요 없습니다. 너무 자신 없거나, 지나치게 자신을 내세우는 느낌을 줄 수 있답니다. 담백하고 당당하게 주장의 내용만 제시하세요.

> 😊 Schools should serve healthy food for their students.
>
> 학교 당국은 학생들에게 몸에 좋은 음식을 제공해야 한다.

> 😃 We can predict that this new regulation will relieve the traffic jam in Seoul.
>
> 이 새로운 규제가 서울의 교통 정체를 완화시킬 것이라 우리는 예상할 수 있다.

　조동사 'will'에 미래에 대한 예측이 충분히 담겨 있으니 '우리는 예상할 수 있다', '우리는 말할 수 있다'는 식의 분석 투의 표현은 필요 없습니다. 'We can find', 'as we can see' 등의 표현도 가급적 삼가세요.

This new regulation will relieve the traffic jam in Seoul.

이 새로운 규제가 서울의 교통 정체를 완화시킬 것이다.

I want to point out that child abuse is a serious crime.

나는 아동 학대는 심각한 범죄임을 지적하고 싶다.

⋮ ⋮

Child abuse is a serious crime.

아동 학대는 심각한 범죄다.

I succeeded in getting a job. As we can see here, confidence holds the key to success.

나는 직장을 얻는 데 성공했다. 우리가 여기서 볼 수 있듯이 자신감이 성공의 열쇠다.

⋮ ⋮

I succeeded in getting a job. Confidence holds the key to success.

나는 직장을 얻는 데 성공했다. 자신감이야말로 성공의 열쇠다.

뻔한 내용을 빼주세요 (3)

> 😐 **It is common sense that people fear death.**
>
> 사람들이 죽음을 두려워한다는 것은 상식이다.

누구나 인정할 만한 상식이나 사실 또한 당당하고 담백하게 그 내용만 써주세요. 되도록 삼가해야 할 표현으로는 'It is true', 'No one can deny that', 'It is needless to say that', 'The usual case is that' 등이 있습니다.

> 🙂 **People fear death.**
>
> 사람들은 죽음을 두려워한다.

> 😐 **Vegetables have been considered as healthy food.**
>
> 야채는 건강에 좋은 음식으로 인정받아 왔다.

잘 쓴 수동태는 한층 객관적이고 지적인 분위기를 풍깁니다. 그러나 널리 인정되는 사실을 단순하게 진술할 때 위와 같이 장황한 수동태를 쓰면 현학적인 느낌을 주니 조심하세요.

> 🙂 **Vegetables are healthy food.**
>
> 야채는 건강에 좋은 음식이다.

· We should have more vegetables because they are healthy food.

야채는 건강에 좋은 음식이므로 더 많이 섭취해야 한다.

· Vegetables have been considered as healthy food. But a recent research found out that they can harm organs.

야채는 건강에 좋은 음식으로 인정받아 왔다. 그러나 최근 한 연구는 야채가 장기를 손상시킬 수 있음을 발견했다.

It is true that nobody is perfect.

누구도 완벽하지 않다는 것은 진실이다.

⋮ ⋮

Nobody is perfect.

누구도 완벽하지 않다.

Spring has been regarded as the time of revival.

봄은 소생의 시간으로 간주되어 왔다.

⋮ ⋮

Spring is the time of revival.

봄은 소생의 시간이다.

❖ 실전문제 | 뻔한 내용이 없는 간결한 문장으로 다시 써보세요

1. My personality is shy.

⇨

2. We deliver our products to customers who will use them.

⇨

3. In autumn, fallen leaves are scattered everywhere where there are trees.

⇨

4. He didn't show up just once or twice but visited my office every single day.

⇨

5. I like the story because the characters' emotions are well described by the author.

⇨

6. As far as I am concerned, I enjoy action movies every weekend.

⇨

7. My friends went to see a doctor but, in my case, I just slept in my room.

⇨

8. It is needless to say that fads come and go.

⇨

9. It is desirable that we should prevent crimes instead of strengthening punishments.

⇨

10. The usual case is that the rich have more opportunities than the poor.

⇨

11. No one can deny that water is essential for our survival.

⇨

12. Business sector was commonly perceived to be dominated by men.

⇨

답 | 1. I am shy. 2. We deliver our products to customers. 3. In autumn, fallen leaves are scattered everywhere. 4. He visited my office every single day. 5. I like the story because the characters' emotions are well described. 6. I enjoy action movies every weekend. 7. My friends went to see a doctor but I just slept in my room. 8. Fads come and go. 9. We should prevent crimes instead of strengthening punishments. 10. The rich have more opportunities than the poor. 11. Water is essential for our survival. 12. Business sector was dominated by men.

습관적으로 쓰는 불필요한 표현들 빼주세요 (1)

😕 I actually go to a mountain every winter to enjoy the crystal, white scenery.

나는 매년 겨울, 투명하고 하얀 풍경을 즐기기 위해 실제로 산에 간다.

😊 I go to a mountain every winter to enjoy the crystal, white scenery.

나는 매년 겨울, 투명하고 하얀 풍경을 즐기기 위해 산에 간다.

'actually go' 하면 가는 것이고 그냥 'go' 하면 안 가는 것일까요? 다른 단어의 의미를 불신하는 분위기를 풍기는 부사 사용을 삼갑시다. 경계해야 할 부사들로는 actually 말고도 generally (speaking), usually, basically, really, naturally 등이 있습니다.

* 비교 | 효과적인 부사 활용의 예는 다음과 같습니다.
- People thought he was a beggar, but he was actually a millionaire.
  사람들이 그를 거지라고 생각했지만 그는 사실 백만장자였다.
- Surprisingly the top model was dating with an Average Joe.
  그 톱 모델은 놀랍게도 평범한 남자와 사귀고 있었다.

😕 Because of the fact that the boy had lied many times, the villagers didn't listen to his warning.

소년이 전에 여러 번 거짓말을 했다는 사실 때문에 마을 사람들은 그의 경고를 듣지 않았다.

😊 Because the boy had lied many times, the villagers didn't listen to his warning.

소년이 전에 여러 번 거짓말을 했기 때문에 마을 사람들은 그의 경고를 듣지 않았다.

that 절 앞에 있는 fact, of the fact는 매우 격식을 차린, 딱딱한 느낌을 주는 표현입니다. 대체로 없어도 무방하거나, 없을 때 더욱 자연스러운 느낌을 살릴 수 있습니다.

* 주의 ┃ '어떤 사실을 고려해야 한다' 를 나타내는 'take into the consideration the fact that ~' 라는 표현을 쓸 때는 'the fact' 를 빼지 않습니다.
　　　· We took into consideration the fact that he had no field experience.
　　　　우리는 그에게 현장 경험이 없다는 사실을 고려했다.

습관적으로 쓰는 불필요한 표현들 빼주세요 (2)

😕 Such kind of a beautiful song always makes my heart flutter.

그런 식의 아름다운 노래를 들으면 언제나 내 마음은 설레인다.

😊 Such a beautiful song always makes my heart flutter.

그렇게 아름다운 노래를 들으면 언제나 내 마음은 설레인다.

진정 '어떠한 종류'를 뜻하는 것이 아니라면, 형용어와 명사 사이에 kind of, aspect of는 쓰지 않는 것이 좋습니다.

* 비교 | · Only that kind of music soothes me.
그런 종류의 음악만이 내 맘을 달래준다.
· The committee looked into other aspects of the problem.
위원회는 그 문제의 다른 측면들을 검토했다.

😕 He emphasizes that tolerance is important in terms of relationship.

그는 관계의 관점에서는 관용이 중요하다고 강조한다.

😊 He emphasizes that tolerance is important in relationship.

그는 관계에서는 관용이 중요하다고 강조한다.

'in terms of', 'in case of'는 in만 사용해도 충분한 경우가 많습니다. 문장의 일부를 불필요하게 반복하게 되는 경우에는 아예 빼는 것이 좋습니다.

In case of my brother, he made many friends on the first day.

내 동생의 경우에는 첫 날 친구 여럿을 사귀었다.

My brother made many friends on the first day.

내 동생은 첫 날 친구 여럿을 사귀었다.

😞 As soon as the school bell rang, I could go home.

학교 종이 울리자마자 나는 집으로 갈 수 있었다.

😊 As soon as the school bell rang, I went home.

학교 종이 울리자마자 나는 집으로 갔다.

　가령 '내가 떠들어서 선생님께 벌 받다가 겨우 집에 갈 수 있게 되었다' 는 것이 아니라, 그냥 '종이 울려서 집에 갔다' 는 식의 단순한 진술일 때는 조동사 'could' 없이 동사의 과거형만 쓰면 됩니다.

＊비교 ┃ '할 수 있었다' 는 표현은 'could' 보다 'was able to', 혹은 'managed to' 가
　　　　더욱 자연스럽습니다.
　　　　・I slept after the drunken men returned to their home.
　　　　　나는 그 술취한 남자들이 돌아간 후에 잤다.
　　　　・I was able to sleep only after the drunken men returned to their home.
　　　　　그 술취한 남자들이 자기 집으로 돌아간 후에야 난 잘 수 있었다.

❖ 실전문제 ㅣ 불필요한 내용이 없는 간결한 문장
  으로 다시 써보세요

1. Electronic devices are basically very useful.

⇨

2. Generally most men are physically stronger than women.

⇨

3. Generally speaking, there are two kinds of computers.

⇨

4. The narrow countryside road is naturally adorned with
   wild flowers.

⇨

5. Considering the fact that he is only seven, it is an
   unbelievable achievement.

⇨

6. Another reason I like the actor is the fact that he is a cute
   trouble maker.

⇨

7. I'm familiar with that kind of scene that drunken
   people fight each other on the street.

⇨

8. Another aspect of pressure is the parents with too high expectations.

⇨

9. In terms of effectiveness, imposing a harsher punishment on criminals is not effective in preventing crimes.

⇨

10. In case of the ending of the epic drama, many viewers were dissatisfied with it.

⇨

11. On the first day of the summer vacation, I could set out for Europe.

⇨

답 | 1. Electronic devices are very useful. 2. Most men are physically stronger than women. 3. There are two kinds of computers. 4. The narrow countryside road is adorned with wild flowers. 5. Considering he is only seven, it is an unbelievable achievement. 6. Another reason I like the actor is that he is a cute trouble maker. 7. I'm familiar with the scene that drunken people fight each other on the street. 8. Another pressure is the parents with too high expectations. 9. Imposing a harsher punishment on criminals is not effective in preventing crimes. 10. Many viewers were dissatisfied with the ending of the epic drama. 11. On the first day of the summer vacation, I set out for Europe.

chapter 2

전달력 강한 어휘를 120% 활용하자!

전달력 강한 어휘를 120% 활용하자!

'대접에 떠 놓은 물이 하루 만에 모두 기체가 되어 사라져 버렸다.'

위의 문장에는 의미상 필요 없는 부분은 없지만, 간결하지 못한 표현이 하나 있습니다. 그것이 무엇일까요? 그렇습니다. '기체가 되어 사라져 버렸다'처럼 장황한 설명조의 표현은 '증발해 버렸다'라는 간결한 어휘에 자리를 양보하는 것이 현명합니다. '기체가 되어 사라지다'가 독자에게 어떤 생각을 갖게 하는가 하면, 십중팔구 '이 사람이 〈증발하다〉라는 말도 잘 쓸 줄 모르는구나', 혹은 '독자가 〈증발하다〉라는 단어도 모를 거라고 생각하나 보다. 우리를 무시하는군' 할 겁니다.

'차들이 세워진 저 곳에 매우 큰 덩치의 한 남자가 팔다리를 아무렇게나 뻗은 채 누워 있었다.' '주차장에 거대한 덩치의 한 남자가 널브러져 있었다.'

두 문장 중 어느 문장이 더 좋은 문장일까요? 어린아이를 대하듯 일일이 설명하지 않고, 웬만큼 교육받은 사람은 다 아는 '주차장', '거대한', '널브러져' 등의 간결하고 다채로운 어휘들을 활용한 두 번째 문장이 추천할 만한 문장이지요. 만일 어떤 외국인이 두 번째 문장을 썼다고 하면 '이 외국인이 우리말에 통달했구나' 할 겁니다.

영어도 마찬가지입니다. 'A very large man was lying in the place where cars were parked, with his arms and legs stretching randomly' 라고 쓰지 않고, 'A gigantic man was sprawling in the parking lot' 하면 영어 원어민이 볼 때에도 '이 외국인은 우리 말 구사력이 뛰어나구나' 할 겁니다.

언어는 일곱 빛깔 무지개보다 천만 배는 더 다채로운 빛깔의 찬란한 성운입니다. 글이라는 것이 말보다 무겁고 지겨운 것으로 인식되기도 하지만 사실 글은 말보다 훨씬 더 다채롭고 아름다운 어휘를 구사할 수 있고, 또 해야 하는 장이랍니다. 고유의 색을 띤 다채로운 어휘를 활용하지 못하면 문장이 설명조로 늘어지는 것을 막을 방도가 없으니 끊임없이 어휘를 습득하고 아는 어휘는 충분히 활용하는 자세를 몸에 배게 할 필요가 있습니다.

핵심 동사를 발굴하여 키워 주세요

- (TT) Celebrities have a great influence on teenagers.

  연예인은 십대에게 지대한 영향을 미친다.

- (AA) Celebrities greatly influence teenagers.

- (TT) The beggar touched the gold coin in his pocket with his fingers.

  거지는 주머니에 있는 금화를 손가락으로 만지작거렸다.

- (AA) The beggar fingered the gold coin in his pocket.

- (TT) Her premature death made us feel sad.

  그녀의 때 이른 죽음은 우리를 슬프게 했다.

- (AA) Her premature death saddened us.

문장의 의미와 분위기를 가장 크게 좌우하는 것은 뭐니 뭐니 해도 동사입니다. 그러므로 문장의 핵심 의미가 동사에 담겨 있어야 전체 문장이 살아납니다. 동사 외의 단어가 핵심 의미를 품고 있다면 그 단어를 동사형으로 바꿔 무대의 중앙에 세워 주세요. 프리마돈나의 역할을 훌륭하게 해낼 겁니다. 위의 'fingered' 처럼 동사일 것 같지 않은 단어가 동사로 쓰일 수 있는 경우를 많이 알아 두시면 좋습니다.

Fashion is a reflection of social changes.

패션은 사회 변화에 대한 반영이다.

⋮ ⋮

Fashion <u>reflects</u> social changes.

패션은 사회 변화를 반영한다.

· On the presumption that fashion reflects social changes, I
  researched the history of fashion.

　패션이 사회 변화를 반영한다는 전제하에 나는 패션의 역사를 연구했다.

The cleaning lady cleaned the dirty floor with a mop.

청소 아주머니가 더러운 바닥을 대걸레로 청소했다.

⋮ ⋮

The cleaning lady <u>mopped</u> the dirty floor.

청소 아주머니가 더러운 바닥을 대걸레질했다.

· The cleaning lady swept and mopped the dirty floor in
  no time.

　청소 아주머니가 순식간에 더러운 바닥을 빗자루로 쓸고 대걸레로 닦았다.

자체 발광 동사로 밝혀 주세요

Stock price went up to a great extent.

주가가 굉장한 정도로 올랐다.

Stock price skyrocketed. / soared.

주가가 치솟았다.

The hungry woman ate the pork ribs very quickly.

그 굶주린 여자는 돼지 갈비를 매우 빨리 먹었다.

The hungry woman devoured the pork ribs.

그 굶주린 여자는 돼지 갈비를 게걸스럽게 먹어 치웠다.

I couldn't stop thinking of the bloody scene in the movie all day long.

나는 피비린내 나는 영화의 그 장면을 하루 종일 잊을 수가 없었다.

The bloody scene in the movie haunted me all day long.

피비린내 나는 영화의 그 장면이 날 하루 종일 따라 다녔다.

'went up to a great extent', 'ate very quickly', 'couldn't stop thinking' 하는 설명조의 표현이 언제나 나쁜 것은 아닙니다. 다만 그에 너무 의존하지 않고 그러한 뜻을 간결하게 표현해 주는 자체 발광 동사를 많이 사용하면 더욱 좋습니다. 깔끔하면서도 다채로운 문장으로 다시 태어나 반짝반짝 빛이 난답니다. 여러분이 가진 어휘력을 폼나게 발휘할 수 있는 절호의 기회입니다.

The birth rate in Korea has sharply decreased.

한국의 출산율이 급격하게 떨어졌다.

⋮ ⋮

The birth rate in Korea has <u>plummeted</u>.

한국의 출산율이 곤두박질쳤다.

· Ministry of Health and Welfare announced that the birth rate in Korea has plummeted to 1.06.

보건 복지부는 한국의 출산율이 1.06명으로 곤두박질쳤다고 발표했다.

The poor orphans walked wearily on the snow.

불쌍한 고아들은 눈 위를 힘겹게 걸었다.

⋮ ⋮

The poor orphans <u>trudged</u> on the snow.

그 불쌍한 고아들은 눈 위를 터벅터벅 걸었다.

· As the bus ran out of gas, the poor orphans had no choice but to trudge on the snow.

버스에 연료가 다 떨어졌기 때문에 그 불쌍한 고아들은 눈 위를 터벅터벅 걷는 수밖에 없었다.

❖ 실전문제 | 핵심 의미를 지닌 단어를 찾아 동사로 써보세요

1. The presentation was impressive to me.

   The presentation _____ me.

2. Children have a tendency to imitate their older siblings.

   Children _____ to imitate their older siblings.

3. She confessed that she had had an experience of sexual abuse in her childhood.

   She confessed that she had _____ sexual abuse in her childhood.

4. The new policy is expected to give benefits to working mothers.

   The new policy is expected to _____ working mothers.

5. The epidemic made the world population dwindle by 5 million.

   The epidemic _____ the world population by 5 million.

6. My friend suddenly shouted at me to make me surprised.

   My friend suddenly shouted at me to _____ me.

7. We are planning to make our surveillance system tight.

We are planning to _____ our surveillance system.

8. He asked me to sit on a chair with the waving gesture of his hand.

He _____ me to a chair.

9. The angry boy shut the door with a bang.

The angry boy_____ the door.

10. A chubby, middle-aged woman was breathing with gasp on the roadside.

A chubby, middle-aged woman was _____ on the roadside.

11. Excessively detailed news report on celebrity suicidal case can be a motive of teenage suicide.

Excessively detailed news report on celebrity suicidal case can _____ teenage suicide.

12. I ignored the ridiculous rumor with a laugh.

I _____ off the ridiculous rumor.

답 | 1. impressed 2. tend 3. experienced 4. benefit 5. dwindled 6. surprise 7. tighten 8. waved 9. banged 10. gasping 11. motivate 12. laughed

❖ 실전문제 Ⅰ 아래에서 적절한 자체 발광 동사를 찾아
   알맞은 동사형으로 빈 칸을 채워 보세요

* tolerate, enliven, spring, clutch, devastate, welcome,
  repeat, mistreat, frighten, surpass, mount

1. The dying man was holding the photograph firmly.

   The dying man was _____ the photograph.

2. The student got up quickly from his chair as soon as he
   saw the principal.

   The student _____ from his chair as soon as
   he saw the principal.

3. I don't want to make the same mistake again and again.

   I don't want to _____ the same mistake.

4. His drastic change made feel fearful.

   His drastic change _____ me.

5. To survive the great changes, we have to accept them gladly.

   To survive the great changes, we have to _____ them.

6. They hoped that his arrival would make their soccer
   league become more active.

They hoped that his arrival would _____ the soccer league.

7. Global warming will completely destroy world economy.

   Global warming will _____ world economy.

8. As the two rivals slowly approached each other, the tension became stronger.

   As the two rivals slowly approached each other, the tension _____ .

9. My elder brother was better than me in everything when we were young.

   My elder brother _____ me in everything when we were young.

10. We should not treat foreign workers unfairly.

    We should not _____ foreign workers.

11. We have to accept homosexuality although we think it is unpleasant.

    We have to _____ homosexuality.

답 | 1. clutching 2. sprang 3. repeat 4. frightened 5. welcome 6. enliven 7. devastate 8. mounted 9. surpassed 10. mistreat 11. tolerate

명사의 일급 비서, 형용사로 키워 주세요

😐 Keep pace with the changes of the politic.

정치의 변화에 보조를 맞추어라.

😊 Keep pace with <u>political</u> changes.

정치적 변화에 보조를 맞추어라.

😐 Doing volunteering work was an experience that helped me a lot.

사회봉사는 내게 큰 도움이 된 경험이었다.

😊 Doing volunteering work was a very <u>helpful</u> experience.

사회봉사는 매우 유익한 경험이었다.

😐 The old man might be a little crazy but is not likely to give any harm to anybody.

그 노인이 정신이 좀 이상할지는 몰라도 누구에게도 해를 끼치지는 않는다.

😊 The old man might be a little crazy but <u>harmless</u>.

그 노인이 정신은 좀 이상할지는 몰라도 무해하다.

명사는 항상 들를 데가 많은 잘 나가는 사장님. 사장님의 구체적인 일정을 잡아주는 일급 비서는 뭐니뭐니해도 형용사랍니다. 명사의 성격을 분명히 해주는 말이 두 단어 이상일 때 그 중에 가장 유능하고 효율적인 참모인 형용사로 변모될 수 있는 단어가 있는지 보세요.

People who live in modern times are not happier than their ancestors.

현대 시대에 사는 사람들은 그들의 조상보다 더 행복하지 않다.

⋮ ⋮

<u>Modern</u> people are not happier than their ancestors.

현대인들은 그들의 조상보다 더 행복하지 않다.

I caught an eye disease that can infect others.

다른 사람들에게 전염될 수 있는 눈병에 걸렸다.

⋮ ⋮

I caught an <u>infectious</u> eye disease.

전염성 눈병에 걸렸다.

I spent three nights without sleeping.

잠을 자지 않고 삼일 밤을 지냈다.

⋮ ⋮

I spent three <u>sleepless</u> nights.

삼일 밤을 꼬박 샜다.

환상의 듀오, 복합 형용사를 만들어 주세요

😊 Find a restaurant whose shape was a moon.

모양이 달인 식당을 찾아라.

😊 Find a moon-shaped restaurant.

달 모양의 식당을 찾아라.

😊 An insect that looked strange was crawling around on my face.

이상하게 생긴 곤충이 내 얼굴 위를 기어다니고 있었다.

😊 A strange-looking insect was crawling around on my face.

명사 사장님의 성격이 좀 복잡할 때는 형용사 비서 하나로는 부족합니다. 환상의 듀오인 복합 형용사를 불러 주세요. 명사를 수식하는 내용에 중요한 의미가 두 가지 있을 때, 'moon-shaped', 'strange-looking' 처럼 두 단어를 하이픈(hyphen)으로 묶어 명사 앞에 놓아 주세요.

😊 The candidate never attended school and studied by himself.

그 후보는 학교를 다닌 적이 없고 혼자 공부했다.

😊 The candidate is a self-educated man.

그 후보는 독학한 사람이다.

😥 That was an experience that made me realize what I hadn't known before.

그것은 내가 그 전에는 몰랐던 것을 깨닫게 해주는 경험이었다.

😊 That was an <u>eye-opening</u> experience.

그것은 개안(開眼)의 경험이었다.

　명사를 수식하는 말에서 복합 형용사 만들 실마리 단어들을 찾기 어려울 때도 있습니다. 'self-educated', 'eye-opening'과 같이 자주 쓰이다 보니 사전에도 수록된 복합 형용사들을 많이 알아두고 활용하면 좋습니다.

* 주의 | 복합 형용사의 첫 단어가 부사인 경우에는 대체로 하이픈을 사용하지 않습니다.

　　・The <u>recently released</u> report turned out false.
　　　최근에 발표된 그 보고서는 거짓으로 판명되었다.

자체 발광 형용사로 밝혀 주세요

I'd like to recommend a really interesting novel.

정말 재미있는 소설 하나 추천하고 싶습니다.

I'd like to recommend an enchanting novel.

매혹적인 소설 하나 추천하고 싶습니다.

Troubles within the family affect the children's academic ability.

가족 내의 문제들은 아이들의 학업 능력에 영향을 미친다.

Domestic troubles affect the children's academic ability.

가정 문제들은 아이들의 학업 능력에 영향을 미친다.

The taxi driver took the drunken man who has no money to a nearby police station.

택시 운전사는 돈이 전혀 없는 그 취객을 가까운 파출소로 데려갔다.

The taxi driver took the penniless, drunken man to a nearby police station.

택시 운전사는 무일푼의 그 취객을 파출소로 데려갔다.

자체 발광 동사가 문장의 몸통을 바르고 튼튼하게 세워 준다면, 구체적이고 독특한 의미를 지닌 자체 발광 형용사는 싱싱하고 어여쁜 이파리와 꽃을 피워 줍니다. 흔해 빠진 부사나, 장황한 전치사구, 관계사 절을 대신할 수 있는 다채로운 형용사를 아끼지 말고 사용하세요.

The divers sent the extremely strange creature to the lab.

잠수부들은 그 매우 이상한 생물을 실험실로 보냈다.

The divers sent the <u>bizarre</u> creature to the lab.

잠수부들은 그 기괴한 생물을 실험실로 보냈다.

As his father spent more time with his son and give him more love, his abnormal behaviors noticeably decreased.

그의 아버지가 아들과 더 많은 시간을 보내고 더 많은 사랑으로 주자, 그의 이상 행동들이 눈에 띄게 줄었다.

As his father spent more <u>quality</u> time with his son, his abnormal behaviors noticeably decreased.

그의 아버지가 아들과 오붓한 시간을 더 많이 보내자, 그의 이상 행동들이 눈에 띄게 줄었다.

❖ 실전문제 | 각 빈 칸에 적절한 형용사를 넣어
　간결한 문장을 만들어 보세요

1. Do you have any memory about your parents that you
　can't forget?

　Do you have any _____ memory about your
　parents?

2. I still remember the words my mother said when she died.

　I still remember my mother's _____ words.

3. A tall tree that has no leaves casts a long shadow over
　the window.

　A tall, _____ tree casts a long shadow over the window.

4. Terrorist attacks seriously threatened the security of society.

　Terrorist attacks seriously threatened _____ security.

5. I like this calmness that has stability and heaviness.

　I like this _____ , _____ calmness.

6. Korea has been often involved in dispute over territory
　with its neighboring countries.

　Korea has been often involved in _____ dispute
　with its neighboring countries.

68

7. Highschool students who looked weary headed for their homes.

   _____-_____ highschool students headed for their homes.

8. My plan is to have a body that has a lot of muscles in two months.

   My plan is to have a _____-_____ body in two months.

9. Sometimes we remember our dreams that were forgotten for a long time.

   Sometimes we remember our _____-_____ dreams.

10. We should not believe the image that was created by the media.

    We should not believe the _____-_____ image.

11. What we should try to prevent is the disasters that are made by men.

    What we should try to prevent is _____-_____ disasters.

12. This is a dangerous disease that can threaten life.

    This is a _____-_____ disease.

답 | 1. unforgettable 2. dying 3. leafless 4. social 5. stable, heavy 6. territorial 7. weary-looking 8. well-muscled 9. long-forgotten 10. media-created 11. man-made 12. life-threatening

❖ 실전문제 | 아래에서 적절한 자체 발광 형용사를 찾아 빈 칸을 채워 보세요

* hilarious, rigorous, cosmic, exhausted, maternal, fatal, exhilarating, cautious, local, vital, corporate

1. It was very exciting to be outside again.

   It was ＿＿＿＿＿ to be outside again.

2. They have to take very strict military training.

   They have to take ＿＿＿＿＿ military training.

3. After the four-hour-long exam, I was very tired.

   After the four-hour-long exam, I was ＿＿＿＿＿＿.

4. As Bird Flu is a very dangerous disease, we must be very careful in handling poultry.

   As Bird Flu is a ＿＿＿＿＿ disease, we must be ＿＿＿＿＿ in handling poultry.

5. I like to hang out with Sally because she always tells me very funny stories.

   I like to hang out with Sally because she always tells me ＿＿＿＿＿ stories.

6. Perseverance is an extremely important factor in success.

Perseverance is a _____ factor in success.

7. When you travel around the world, make friends with the people who live in the area.

When you travel around, make friends with the _____ _____ people.

8. The single father showed the love to his children that mothers usually show towards their children.

The single father showed _____ love to his children.

9. I am always enchanted by the mysteries of the universe.

I am always enchanted by _____ mysteries.

10. The chairman has successfully established a strong image of his companies.

The chairman has successfully established a strong ____ _____ image.

답 | 1. exhilarating 2. rigorous 3. exhausted 4. fatal/lethal, cautious 5. hilarious 6. vital 7. local 8. maternal 9. cosmic 10. corporate

중소기업 명사를 키워 주세요

The people who were watching the fight began to disperse.

싸움을 지켜보던 사람들이 흩어지기 시작했다.

The <u>spectators</u> began to disperse.

구경꾼들이 흩어지기 시작했다.

Half of the people who applied for the job were eliminated at the first screening.

그 일에 지원한 사람들의 반이 첫 번째 심사에서 떨어졌다.

Half of the job <u>applicants</u> were eliminated at the first screening.

지원자의 반이 첫 번째 심사에서 떨어졌다.

We serve a free meal for the people who participate in the contest.

경연에 참가한 사람들에게 무료 식사를 제공합니다.

We serve a free meal for the <u>contestants</u>.

경연 참가자들에게 무료 식사를 제공합니다.

명사가 잘 나가는 사장님이라면, 시도 때도 없이 불려 다니는 'people' 같은 명사는 이 사업 저 사업에 손대는 문어발식 대기업의 회장님이 아닐까 싶습니다.

'spectators', 'applicants', 'contestants'와 같이 작지만 자

신만의 영역을 구축하고 있는 특색 있는 중소기업 명사를 많이 애용해 주세요. 나라 경제처럼 문장의 기초도 골고루 튼튼하게 자리 잡는답니다.

No one was on the narrow road for people to walk.

사람들이 다니는 좁은 길에 아무도 없었다.

No one was on the narrow sidewalk.

인도에 아무도 없었다.

I took a walk in the street where my house was situated.

우리 집이 위치해 있는 거리를 산책했다.

I took a walk in my neighborhood.

우리 동네를 산책했다.

The water pollution turned the area into the land where people can't grow plants.

수질 오염이 그 지역을 식물을 키울 수 없는 땅으로 바꿔 버렸다.

The water pollution turned the area into a wasteland.

수질 오염이 그 지역을 황무지로 바꿔 버렸다.

❖ 실전문제 | 아래에서 적절한 중소기업 명사를 찾아 빈 칸을 채워 보세요

* challenges, nightmare, priority, savvy, indifference, first grader, advantages, lowlanders, newcomers, fad

1. I had a terrible dream last night.

   I had a _____ last night.

2. There are many good things in hiring experienced workers.

   There are many _____ in hiring experienced workers.

3. I welcome difficult problems or situations because I believe that they make me stronger.

   I welcome _____ because I believe that they make me stronger.

4. When I was in the first grade at elementary school, a burglar broke into my house.

   When I was a _____ , a burglar broke into my house.

5. There were eight people who came for the first time yesterday.

   There were eight _____ yesterday.

6. It is a big threat to the people who live in lowland.

It is a big threat to the _____.

7. My little brother knows a lot about computers.

My little brother is a computer _____.

8. I tried to conceal the fact that I was uninterested in art.

I tried to conceal my _____ to art.

9. Rippled jeans were popular among people for a short time.

Rippled jeans was a _____.

10. What he thinks the most important is his career.

His _____ is his career.

chapter 3

다양한 단문 활용법을 익히자!

다양한 단문 활용법을 익히자!

He visited me. I was surprised. (단문)

He visited me, so I was surprised. (중문)

When he visited me, I was surprised. (복문)

　단문과 중문, 복문은 가장 기본적이고 유용한 문장 패턴으로서, 대부분의 영어 문장은 세 가지 중 하나에 해당됩니다. 이 중에서 가장 쉽고 단순한 문장은 어느 것일까요? 이름이 말해주듯 '단문'이 가장 단순하겠지요. 위의 예처럼 'He visited me. I was surprised' 라고 단문만을 사용하면, 어린 아이처럼 말의 운용이 서투르다는 인상을 주기 쉽습니다. 이 점을 지적하고 학생들에게 두 문장을 하나의 문장에 합치라고 하면, 많은 경우 두 번째 문장과 같은 중문이나 세 번째 문장과 같은 복문을 만듭니다. 합당한 논리적 연결어를 통해 두 문장을 한데 묶는 거죠. 이는 물론 매우 좋은 해결책입니다.

　그러나 문제는 내용이 조금만 길어지면 중문과 복문에 너무 의지하는 경향이 우리에게 있다는 겁니다. 가령, 'He visited me, so I was surprised. I couldn't say anything, but it seemed he didn't care. When he began to talk, I had no choice but to listen.' 이라는 식으로 중문과 복문으로만 글을 이어가는 경우가 흔히 발견되거든요. 중문과 복문을 과용하면 'so', 'and', 'when', 'although' 와 같은 연결어들과 반복되는 주어, 동사들로 인해 긴장감이 떨어지는 장황함을 초래할 수 있습니다. 이를 예방하기 위해서는 단순하지 않은 단문을 더 많이 활용해야 합니다.

His visit surprised me. (단문)

직역하면 '그의 방문이 나를 놀라게 했다' 입니다. 이와 같은 단문을 우리가 쓰기 힘든 이유는, 그 직역이 우리에게 어색한 표현이기 때문입니다. 우리는 '그의 방문으로 나는 놀랐다' 라고 사람을 주어로 사고하기 때문에 'his visit' 이라는 주어를 떠올리기 힘든 것이죠. 우리가 다양한 단문을 활용하지 못하는 이유는 이외에도 여러 가지가 있겠지만, 중요한 것은 복문과 중문을 단순치 않은 단문으로 압축시키는 여러 가지 방법을 익히는 겁니다.

사람이 아니어도 주어 시켜 주세요 – 물주주어

😀 With robots' remarkable abilities, we will increase total social wealth.

로봇의 뛰어난 능력으로 우리는 사회 전체의 부를 증진시킬 것이다.

영어는 한글에 비해서, 사람이 아닌 요소를 주어로 쓰는 빈도가 훨씬 높습니다. 특히 어떤 결과를 이끌어 내는 조건이나 요인을 주어로 써주면 간결하면서 한층 영어다운 표현이 됩니다.

😊 Robots' remarkable abilities will increase total social wealth.

로봇의 뛰어난 능력은 사회 전체의 부를 증진시킬 것이다.

😀 As I sincerely apologized, I became her best friend again.

내가 진지하게 사과했기 때문에 다시 그녀의 단짝 친구가 되었다.

조건이나 요인이 표현된 부분을 주어로 쓰기 위해서는 때론 명사가 있는 구절로 바꿔줄 필요도 있습니다. 이때 가장 유용한 동사는 'make' 이지만, 'make' 에만 너무 의지하지 말고 상황에 맞는 자체 발광 동사를 사용하면 더욱 좋습니다.

😊 <u>My sincere apology made</u> me her best friend again.

나의 진지한 사과로 난 다시 그녀의 단짝 친구가 되었다.

😊 <u>My sincere apology restored our friendship</u>.

나의 진지한 사과로 우리의 우정이 회복되었다.

My aunt became rich owing to her wise investments.

우리 이모는 현명한 투자로 부자가 되었다.

⋮ ⋮

<u>My aunt's wise investments made her rich</u>.

우리 이모는 현명한 투자로 부자가 되었다.

If you read the book more closely, you will understand more.

그 책을 좀 더 자세히 읽으면 좀 더 이해될 것이다.

⋮ ⋮

<u>A closer reading of the book will give you a better understanding</u>.

<u>A closer reading of the book will enhance your understanding</u>.

❖ 실전문제 | 물주주어를 써서 문장을 더욱 간결
    하게 만드세요

1. In the cool weather, I feel refreshed.

    _____ refreshes me(my mind).

2. Because of his harsh words, I felt offended.

    _____ me.

3. Considering the high cost of medical treatment, you may
   knit your brows.

    _____ your brows.

4. It was a simple remark, but it stirred up my imagination
   immensely.

    _____ up my imagination immensely.

5. He had had hard training for five years and became the
   best player.

    _____ him the best player.

6. Because of the heavy rain, we couldn't go to school
   yesterday.

   The heavy rain _____ from going to school yesterday.

7. After we walked for thirty minutes, we arrived at the exotic cafe.

_____ us to the exotic cafe.

8. With open-minded dialogue, they will be able to find a solution.

_____ them to a solution.

9. I encouraged my daughter with cheerful laughs and gestures.

_____ my daughter.

10. When my father's business went bankrupt, my family had to suffer financial difficulty.

_____ into financial difficulty.

11. Thanks to the detailed information, we were able to make a perfect presentation at the conference.

The detailed information _____ us make a perfect presentation at the conference.

답 | 1. The cool weather 2. His harsh words offended 3. The high cost of medical treatment may knit 4. The simple remark stirred 5. The hard training of five years/The five years of hard training made 6. prevented us 7. A thrity-minute-long walk took 8. Open-minded dialogue will lead 9. My cheerful laughs and gestures encouraged 10. The bankruptcy of my father's business put my family 11. helped

한 집 살림하세요 – 부사구, 동격구

> ☺☺ My brother refused to follow my command because he didn't know the danger.
>
> 내 동생은 위험을 알지 못했으므로 나의 명령을 무시했다.

주어가 둘이지만 서로 일치하는 경우에는 각자 딴 살림 차리지 말고 동사 하나를 현재분사(~ing)나 과거분사(~ed)로 만들어 하나의 세대주 아래 모이게 하세요.

> ☺☺ <u>Not knowing</u> the danger, my brother refused to follow my command.
>
> My brother, <u>not knowing</u> the danger, refused to follow my command.
>
> My brother refused to follow my command, <u>not knowing</u> the danger.

이때 부사구의 위치는 문장 앞, 주어 바로 다음, 문장 끝 어디에든 놓을 수 있고 또 다양하게 위치시키는 것이 좋습니다. 다만 원어민들이 가장 선호하는 위치는 'not knowing'을 그것의 주어인 'brother'의 지척에 놓을 수 있는 주어 바로 다음이라는 점을 알아 두세요.

---

* 주의 | 단문으로 바꿔줄 때 쉼표의 용법에 주의하세요.

My brother, <u>ignorant of</u> the danger, refused to follow my command.

* 부사구를 형용사로 이끌어 주는 것도 좋습니다.

Because Thomas was her only child, he inherited both the elegant mansion and the huge farm.

토머스가 외동아들이기 때문에 그 우아한 저택과 거대한 농장을 모두 물려받았다.

'Thomas' 와 'her only child' 는 같은 인물입니다. 이렇게 동격인 요소도 한 집으로 불러들여 바로 옆 방을 주세요. 동격구 양쪽으로 쉼표만 붙여 주면, 혼란스러움 없이 토머스가 외동아들이라는 사실이 훨씬 더 산뜻하게 눈에 들어옵니다.

Thomas, <u>her only child</u>, inherited both the elegant mansion and the huge farm.

그녀의 외동아들인 토머스가 그 우아한 저택과 거대한 농장을 모두 물려받았다.

His wife couldn't tolerate his hypocrisy any more, so she told him to be honest.

그의 아내는 남편의 위선을 더 이상 참지 못하고 그에게 솔직하라고 말했다.

⁝ ⁝

Not tolerating his hypocrisy any more, his wife told him to be honest.

His wife, not tolerating his hypocrisy any more, told him to be honest.

His wife told him to be honest, not tolerating his hypocrisy any more.

His wife, intolerant of his hypocrisy any more, told him to be honest.

Because the UN is the only legitimate mediator in the global society, it should intervene to stop the war.

유엔이 국제 사회에서 유일한 합법적인 중개자이기 때문에 그 전쟁을 막기 위해 개입해야 합니다.

⁝ ⁝

The UN, the only legitimate mediator in the global society, should intervene to stop the war.

국제 사회의 유일한 합법적인 중개자인 유엔이 그 전쟁을 막기 위해 개입해야 합니다.

❖ 실전문제 | 부사구, 동격구를 써서 문장을 더욱 간결하게 만드세요

1. I was determined to change his life style, so I called him every morning to wake him up.

   _____ , I called him every morning to wake him up.

2. The neighbors were amazed at the miracle and thought that Wilbur was a special pig.

   The neighbors, _____ , thought that Wilbur was a special pig.

3. Jane didn't care about her own safety and plunged into the pool to save her son

   Jane plunged into the pool to save her son, _____ _____.

4. The little boy was proud of his score, so he bragged about it to everyone he met.

   The little boy, _____, bragged about it to everyone he met.

5. I was frozen with fear, so I couldn't say a word to the burglar.

   _____, I couldn't say a word to the burglar.

6. Most criminals committed a crime because they act on the spur of the moment.

Most criminals committed a crime, _____.

7. My young cousins weren't exhausted at all and suggested a card game.

My young cousins, _____, suggested a card game.

8. Ron was the tallest boy in his school but he never bullied other kids.

Ron, _____, never bullied other kids.

9. Mary Cheney, who is well known as a lesbian, gave birth to a boy.

_____, Mary Cheney gave birth to a boy.

10. India is the second most populated country and it has the most high-skilled laborers in electronics.

India, _____, has the most high-skilled laborers in electronics.

답 | 1. Determined to change his lifestyle 2. amazed at the miracle 3. not caring about her own safety 4. proud of his score 5. Frozen with fear 6. acting on the spur of the moment 7. not exhuasted at all 8. the tallest boy in his school 9. A well-known lesbian 10. the second most populated country

고효율 전자 제품을 쓰세요 – 전치사(구)

> Alice peeped into the hole because she was curious to know what was inside.
>
> 앨리스는 안에 무엇이 있는지 궁금해서 구멍을 들여다보았다.
>
> Alice, curious to know what was inside, peeped into the hole.

앞 절에서 배운 바와 같이, 첫 문장의 because절은 부사구로 간결해져서 주어(Alice) 아래 한 식구로 살 수 있습니다. 여기서 더욱 간결해질 수 있는 방법은 '전치사+명사'로 연결되는 전치사구를 사용하는 것입니다. 방 한 칸 차지할 필요도 없이, 거실 한 켠에 설치되는 에너지 효율 일등급 에어컨처럼 모양새도 깔끔하고 쓰임새도 유용하답니다.

> Alice peeped into the hole <u>out of curiosity</u>.
>
> 앨리스는 호기심에서 구멍을 들여다보았다.

> I kept calling her, but she never answered the phone.
>
> 그녀에게 계속 전화했지만 그녀는 전화를 한 번도 받지 않았다.

'아무리 ~하려 애를 써도 소용없다'라는 의미를 표현할 때는, 숙어 'in vain'을 쓰면 훨씬 간결해집니다. 'in vain'처럼 흔히 쓰이는 숙어적 전치사구를 많이 알아두면 좋습니다.

> 😊 I kept calling her <u>in vain</u>.
>
> 그녀에게 계속 전화했지만 허사였다.

I had to listen to her boring stories even though I didn't want to.

나는 원치 않았지만 그녀의 지겨운 이야기를 들어야 했다.

⋮ ⋮

I had to listen to her boring stories <u>against my will</u>.

나는 의지에 반해 그녀의 지겨운 이야기를 들어야 했다.

My car broke down while we were going to Yongsan Station.

우리가 용산역으로 가는 사이에 차가 고장났다.

⋮ ⋮

My car broke down <u>on the way to</u> Yongsan Station.

용산역으로 가는 길에 차가 고장났다.

❖ 실전문제 ㅣ 아래에서 적절한 전치사(구)를 찾아
  빈 칸을 채워 보세요

* despite, in, to, with, into, for nothing, after

1. I kept improving and improving. After all, I became the
   top student in my class.

   I kept improving and improving ____ the top of the class.

2. Good education leads people to think in more creative
   ways, so we can make a richer civilization.

   Good education leads people ____ more creative thinking
   and richer civilization.

3. It poured mercilessly, so I couldn't think straight because
   of the rain.

   I couldn't think straight ____ the merciless rain.

4. Although his commitment to his job was strong, he
   wasn't promoted.

   _____ his strong commitment to his job, he
   wasn't promoted.

5. Although he has made many mistakes, he is still a great
   father.

_____ all his mistakes, he is still a great father.

6. The alley looks like a construction site because bricks and stones are scattered there.

   The alley, _____ the scattered bricks and stones, looks like a construction site.

7. In Africa many children are dying because of starvation.

   In Africa many children are starving _____ death.

8. The matchmaker was so persuasive with her words, so I married him.

   The matchmaker talked me _____ marrying him.

9. My parents had been to Europe for ten days, and they returned home with many gifts.

   _____ a ten-day trip to Europe, my parents returned home with many gifts.

10. The old man couldn't believe that he got nothing after he came all the way down to the remote island.

    The old man couldn't believe that he came all the way down to the remote island _____.

답 | 1. to 2. to 3. in 4. Despite 5. With 6. With 7. to 8. into 9. After 10. for nothing

다양한 연장을 쓰세요 – 대시와 콜론

> 😊 Young urban women are prone to getting anorexia,
> which is a life-threatening disease.
>
> 젊은 도시 여성들이 생명을 위협하는 병인 거식증에 걸릴 위험이 높다.

거식증 'anorexia'가 '생명을 위협하는' 심각한 질병임을 강조하고 싶으면 중간에 있는 'which is'를 빼고, 동격의 쉼표나 대시(dash)로 연결합니다. 대시는 하이픈 길이의 두 배임에 유의하세요.

> 😊 Young urban women are prone to getting Anorexia, a
> life-threatening disease.
>
> Young urban women are prone to getting Anorexia—
> a life-threatening disease.

> 😊 There are two kinds of computers, and they are desktop
> and laptop.
>
> 컴퓨터에는 두 가지 종류가 있는데, 그것은 탁상용과 휴대용이다.

앞서 언급한 '두 가지 종류의 컴퓨터'의 구체적인 내용이나 예를 바로 소개할 때는, 주어 동사 따로 써 줄 필요 없이 콜론(colon)으로 연결해 주세요. 문장이 정말 깔끔해집니다.

> **There are two kinds of computers: desktop and laptop.**
>
> 컴퓨터는 탁상용과 휴대용, 두 가지가 있다.

You too can get osteoporosis. That is, your bone structure becomes fragile.

당신도 골다공증에 걸릴 수 있다. 다시 말해서 당신의 뼈 구조가 약해진다는 것이다.

↓ ↓

You too can get osteoporosis—fragile bone structure.

You too can get osteoporosis: fragile bone structure.

당신도 뼈가 약해지는 골다공증에 걸릴 수 있다.

Last week she had blind dates with three men, and the men were a doctor, a professor, and a lawyer.

그 여자는 지난주에 세 명의 남자와 맞선을 보았는데, 그들은 각각 의사, 교수, 변호사였다.

↓ ↓

Last week she had blind dates with three men: a doctor, a professor and a lawyer.

그 여자는 지난주에 의사, 교수, 변호사 이 세 가지 다른 직업을 가진 남자들과 맞선을 보았다.

❖ 실전문제

1. The cause of her death was heart failure from malnutrition,
   which is the natural result of anorexia.

   The cause of her death was heart failure from malnutrition

   _____.

2. They have found what they had been looking for. It is a
   great supply of New Cheese.

   They have found what they had been looking for _____

   _____.

3. There used to be four common life phases and they were
   childhood, adolescence, adulthood and old age.

   There used to be four common life phases _____

   _____.

4. We should give students the warning, and the warning
   is that they will be given an F if they miss seven classes.

   We should give students the warning _____.

답 | 1. −/:the natural result of anorexia 2. −/: a great supply of New Cheese. 3.
: childhood, adolescence, adulthood and old age. 4. : They will be given an F if
they miss seven classes.

핵심 개념 단어만 추려서 한 문장으로 압축하세요

> There are lots of reasons why I like cooking, but the following three reasons are major reasons.
>
> 내가 요리를 좋아하는 이유는 많지만 다음의 세 가지 이유가 중요한 이유들이다.

우리는 요리에 이름을 붙일 때 '골뱅이 무침', '민어 매운탕' 처럼 가장 중요한 요리 재료만 언급합니다. '골뱅이오이양파참기름마늘고추장 무침'이라 부르지 않지요? 이렇듯이 문장을 쓸 때에도 가장 중요한 개념들만 최소의 연결어를 써서 표현하세요. 내가 요리를 좋아하는 세 가지를 소개할 때 필요한 말은 다음과 같습니다.

> I like cooking for three reasons.
>
> 나는 세 가지 이유로 요리를 좋아한다.

> I had thought that raising a pet was stupid. But my thought changed last week. Here is what happened. I met a very cute dog named White in my friend's house.
>
> 난 예전에 애완동물을 키우는 것을 멍청한 짓이라고 생각했다. 그러나 지난 주 내 생각을 바꿨다. 무슨 일이 있었느냐면, 친구 집에서 흰둥이라는 이름의 아주 귀여운 개를 만났다.

한 문장 내에서 뿐 아니라, 연속된 여러 문장들이 간결하지 못할 경우 단문이 아니더라도 한 문장에 압축시켜 주면 아주 좋습니다.

I had thought that raising a pet was stupid, but a very cute dog named White, which I met in my friend's house last week, changed me.

난 예전에 애완동물을 키우는 것을 멍청한 짓이라 생각했지만, 지난 주 친구 집에서 만난 흰둥이라는 이름의 아주 귀여운 개가 내 생각을 바꿔 놓았다.

Autumn has grand scenery and it has mild temperature. These things make me feel comfortable and excited.

가을에는 웅장한 풍경이 있고 온화한 기온도 있다. 이런 것들이 나에게 편안함과 흥분을 느끼게 한다.

⋮ ⋮

The grand scenery and mild temperature in autumn make me feel comfortable and excited.

가을의 웅장한 풍경과 온화한 기온이 나에게 편안함과 흥분을 느끼게 한다.

1. The apartment in which my house is is on the top of a
   hill, and I live on the 18th floor.

   I live on _____.

2. I heard a story about my mother's childhood during the
   holidays, and it was intriguing.

   I heard an _____ story about my mother's
   childhood during the holidays.

3. A cream-colored, seven-storied building is located on the
   right side of my house. The building is a hospital.

   The cream-colored, seven-storied _____ is located
   on the right side of my house.

4. If I got a bad score again, I would fail in this course, and I
   won't be able to graduate since it was a compulsory course.

   If I fail this _____, I won't be able
   to graduate.

5. Sometimes I quarrel with my boyfriend over some trivial
   things. In this situation, I don't listen to him.

   _____ I quarrel with my boyfriend over trivial
   things, _____.

6. The death penalty is a message to the society. It warns that an atrocious crime may cost the criminal his or her life.

The death penalty issues to the society a _____ that an atrocious crime may cost the criminal his or her life.

7. There are strong objections against the bill. The objections are made by human right activists.

Human right activists _____.

8. Air pollution in Seoul is attributed to the emission gas of cars because the ration of the emission gas to air pollution is over 80%.

_____ of air pollution in Seoul is attributed to the emission gas of cars.

9. 'Double income, no kid' refers to the trend that young couples don't have children to save more money. This trend might mean that young people are willing to enjoy their life.

'Double income, no kid' refers to the trend that young couples don't have children to save more money and to _____.

답 | 1. the 18th floor of the apartment on a hilltop. 2. intriguing 3. hospital 4. compulsory course 5. When, I don't listen to him. 6. warning 7. make strong objections against the bill./strongly object to the bill. 8. Over 80% 9. enjoy their life.

세미콜론으로 압축하세요

😕 Fit celebrities are applauded for their amazing physique. On the other hand, it is also true that stout celebrities are branded as lazy and slack.

날씬한 연예인들은 놀라운 체형으로 박수를 받는다. 반면에 살집이 있는 연예인들은 게으르고 태만하다는 낙인이 찍힌다.

대조나 역접, 밀접한 인과 관계에 있는 두 문장은 세미콜론 (semicolon)을 사용하여 간결하게 연결합니다. 세미콜론 뒤의 'On the other hand, however, therefore, consequently' 등의 표현은 없어도 무방하지만, 논리 관계를 명백히 하고 싶으면 써도 좋습니다.

😊 Fit celebrities are applauded for their amazing physique ; (on the other hand,) stout celebrities are branded as lazy and slack.

날씬한 연예인들은 놀라운 체형으로 박수를 받는 반면, 살집이 있는 연예인들은 게으르고 태만하다는 낙인이 찍힌다.

The court ruled that the accused was innocent. The reason was that no evidence had confirmed his guilt.

법정에서 피고인은 무죄 판결을 받았다. 그 이유는 그의 유죄를 확증할 증거가 없다는 것이었다.

⋮ ⋮

The court ruled that the accused was innocent; no vidence had confirmed his guilt.

그의 유죄를 확증한 근거가 없었으므로 법정에서 피고인은 무죄 판결을 받았다.

We need money to survive in this jungle-like society. But that is not totally true. Our reputation and relationships will disappear if we are too much obsessed with money.

이런 정글 같은 사회에서 살아남으려는 돈이 필요하다. 그러나 그것이 진실의 전부는 아니다. 돈에 너무 집착하면 우리의 명예와 인간관계는 사라질 것이다.

⋮ ⋮

We need money to survive in this jungle-like society; (however,) our reputation and relationships will disappear if we are too much obsessed with money.

이런 정글 같은 사회에서 살아남으려면 돈이 필요하지만, 돈에 너무 집착하면 우리의 명예와 인간관계는 사라질 것이다.

기타 간결한 문장을 돕는 구문들

😕 The detective watched she was talking with a man in black.

형사는 그녀가 검은 옷의 남자와 이야기하는 것을 지켜보았다.

😊 The detective <u>watched her talking</u> with a man in black.

'see, watch, hear, listen, smell, feel' 등의 지각동사 뒤에는 절(clause)을 쓰지 말고, '사람 목적어＋현재분사/과거분사' 형태로 5형식 문장을 만들어 주세요.

😕 As truth is too much close to us, we can't see it.

진리는 너무 가까이에 있어서 우리가 볼 수 없다.

😊 Truth is <u>too close to</u> be seen.

진리는 너무 가까이에 있어서 보이지 않는다.

'너무나 ~해서 ~할 수 없다'는 뜻을 지닌 'too~to' 용법을 좀 더 많이 활용하세요.

😕 It is certain that somebody touched my computer.

누군가 내 컴퓨터에 손을 댄 것이 분명하다.

😊 Somebody <u>must have touched</u> my computer.

과거에 어떠했을 것이라고 현재 강하게 추측할 때는 'must have p.p'를 사용한 단문을 활용하세요. 비슷한 예로 과거의 일에 대해 '그랬어야 했다', 혹은 '그러지 말았어야 했다'로 후회하는 마음을 표현할 때는 'should (not) have p.p'를 씁니다. 또 과거에 '그랬던 것 같다', '그렇지 않은 것 같다'는 'might (not) have p.p'로 표현합니다.

> 😞 The victim had to report to the police immediately, but he didn't.
>
> 피해자는 즉시 경찰에 신고해야 했지만 하지 않았다.

> 😊 The victim should have reported to the police immediately.
>
> 피해자는 즉시 경찰에 신고했어야 했다.

> 😞 If he hadn't called me, I would have been late for the interview.
>
> 그가 전화하지 않았다면 면담에 지각할 뻔했다.

> 😊 Without his call, I would have been late for the interview.

과거에 일어난 일의 반대 상황을 추측할 때, if절이 전치사 'without+명사' 형태로 변형 가능한지 살펴보세요.

chapter 4

간결 어휘를 콕콕 집어 익혀두자!

간결 어휘를 콕콕 집어 익혀두자!

좋은 문장을 쓰기 위한 가장 기본적인 토대는 꾸준한 독서지만, 안타깝게도 독해만을 위한 독서는 글쓰기에 직접적인 도움이 되지 못합니다. 간결하고 힘찬 문장을 자유자재로 구사하기 위해서는 그에 도움이 되는 어휘와 문장 패턴을 의식적으로 찾아내고, 적극적으로 학습할 필요가 있습니다.

She trotted ahead of him into the kitchen.

책을 읽다가 이러한 문장을 만났다면 아마도 우리는 'trot' 라는 동사의 뜻을 찾아볼 겁니다. 영한사전을 보면 '종종걸음치다', 영영사전을 보면 'move fast, taking small quick steps' 라는 뜻이 나옵니다. 이때 '음, 그녀가 그 남자에 앞서 종종걸음치며 부엌으로 들어 갔다군' 하며 뜻만 이해하고 넘어가면 안됩니다. '음, 좁은 보폭으로 빠르게 걷다' 가 간결한 우리말로 '종종걸음치다' 라면, 영어로는 'walk fast in small steps' 는 'trot' 으로 간단하게 표현할 수 있군' 하고 생각하며 'trot' 을 메모해 두고 틈나는 대로 복습하며, 기회가 있을 때 잊지 말고 활용해야 합니다.

이와 같은 학습을 다짐하는 분들께 작은 도움이나마 드리기 위해, 이 장에서는 앞서 소개된 표현들 외에 알아두면 유용한 간결 어휘와 문장 패턴을 소개합니다. 처음 제시되는 문장들은 틀리지는 않지만, 다소 장황하거나 어색하거나 또는 지나치게 말하는 투의 표현들입니다. 제시된 해답 문장들은 대부분 간결하고 품위 있는 문어체에 해당합니다. 해답 문장들과 같은 표현들을 말할 때 너무 많이 사용하면 너무 딱딱하거나 심지어 우스꽝스러울 수도 있으니 조심하세요. 그러나 말할 때도 격식 있는 자리에서는 어느 정도 사용해 주는 것이 좋고, 나아가 글을 쓸 때는 충분히 사용하실 필요가 있습니다.

간결한 문장을 돕는, '동사 같지 않은' 동사 모음

각 예문에서 '자' 는 자동사, '타' 는 타동사를 뜻합니다. 동사를 익힐 때는 반드시 목적어가 필요 없는 자동사인지, 목적어가 필요한 타동사인지 확인하여 숙지하세요.

water	**타.** 식물, 동물, 땅에 물을 주다 I forgot to <u>water</u> my plants. 화초에 물 주는 것을 깜빡했다.
nickname	**타.** 누구에게 어떤 별명을 붙여주다 (4형식 용법으로) Tourists <u>nicknamed</u> the city 'City of Angels'. 관광객들은 그 도시에 '천사의 도시' 라는 별명을 붙여 주었다. ＊ 비슷한 예 ┃ name 이름 붙이다, call 부르다
cool	**자, 타.** 식다 ; 식히다 A shower <u>cooled</u> the burning concrete floor. 소나기가 타는 듯한 콘크리트 바닥을 식혔다. ＊ 비슷한 예 ┃ calm 진정시키다, dry 마르다·말리다, wet 적시다, yellow 누렇게 변색하다
dog	**타.** 끈질기게 따라다니다 Reporters <u>dogged</u> him for answers. 기자들이 답을 들으려 끈질기게 따라붙었다. ＊ 비슷한 예 ┃ snake 구불거리다, wolf 게걸스레 먹어치우다, duck 피하다

mirror	타. 그대로 반사하다, 재현하다
	The movie <u>mirrored</u> the life in 1970s.
	그 영화는 1970년대의 삶을 그대로 재현했다.

dust	타. 먼지를 털어내다
	The woman is <u>dusting</u> a blanket in the balcony.
	그녀는 발코니에서 이불을 털고 있다.

sour	자, 타. 악화되다; 악화시키다
	The affair has <u>soured</u> our relationship.
	그 일이 우리의 관계를 악화시켰다.

color	타. 색을 입히다
	Put the petals to <u>color</u> the rice.
	꽃잎을 넣어 쌀에 물을 들이세요.

cup	타. 손을 모아 컵 모양을 만들다
	I gently <u>cupped</u> the small bird in my hands.
	나는 두 손을 모아 살며시 그 작은 새를 쥐었다.
	* 비슷한 예 ㅣ ball 동그랗게 말다, circle 원을 그리며 돌다

fool	타. 속이다, 바보로 만들다
	Don't be <u>fooled</u> by his appearances.
	그의 외모에 속지 마라.

sandwich	타. 사이에 끼워 넣다
	My car was <u>sandwiched</u> between two trucks.
	내 차가 두 트럭 사이에 끼었다.

sugar	타. 설탕을 넣다
	My wife sat down and <u>sugared</u> her coffee.
	아내는 앉아서 커피에 설탕을 탔다.
	* 비슷한 예	salt 소금을 치다. butter 버터를 바르다

frame	타. 액자에 넣다
	Their wedding picture is <u>framed</u> on the wall.
	그들의 결혼사진이 액자에 담겨 걸려 있다.

stone	타. 돌멩이를 마구 던지다
	Rioters <u>stoned</u> the police.
	시위자들이 경찰에게 돌멩이를 마구 던졌다.

blanket	타. 덮다 (담요처럼)
	The first snow <u>blanketed</u> the whole village.
	첫 눈이 온 마을을 덮었다.

envelop	타. 완벽하게 에워싸다 (봉투에 담듯이)
	The fragrant smell of pine trees <u>envelops</u> visitors.
	향긋한 솔향기가 방문객들을 감싼다.

dot

타. 점점이 흩어져 있다

The crystal blue ocean is <u>dotted</u> with exotic islands.

수정 같은 푸른 바다에 이국적인 섬들이 점점이 흩뿌려져 있다.

peak

자. 최고조에 달하다

The financial crisis <u>peaked</u> in 1999.

그 경제위기가 1999년에 최고조에 달했다.

blind

타. 눈멀게 하다, 판단력을 흐리게 하다

Love <u>blinded</u> me to her duplicity.

사랑 때문에 난 그녀의 이중성을 보지 못했다.

flood

자, 타. 물에 잠기다; 잠기게 하다

When it rained heavily the other day, my kitchen <u>flooded</u>.

요전날 폭우가 왔을 때, 우리집 부엌이 물에 잠겼다.

photograph

타. 사진찍다

The actor was <u>photographed</u> kissing his little girl.

그 배우가 어린 딸에게 뽀뽀하는 사진이 찍혔다.

간결한 문장을 돕는 자체 발광 동사 모음

last	자. 오랫동안 지속되다 No hardships continue to exist forever. 어떤 고난도 영원히 계속 존재하지 않는다. · No hardships last forever. 어떤 고난도 영원히 지속되지 않는다.
follow	타. A follows B : B에 이어 A가 발생하다, 벌어지다 After the presentation, we had a thirty-minute-long discussion session. 발표 후에 우리는 30분 동안의 토론 시간을 가졌다. · A thirty-minute-long discussion session followed the presentation. 발표 후에 30분 동안의 토론이 이어졌다.
match	자, 타. 색이나 크기 등이 서로 어울리다; 맞추다 Your skirt and shoes look good together. 너의 치마와 구두가 함께 좋아 보인다. · Your skirt and shoes match well. 너의 치마와 구두가 잘 어울린다.
survive	타. 어렵고 위험한 상황에서 살아남다 Although my grandfather had two heart

attacks, he is still alive.

우리 할아버지께서는 두 번의 심장마비를 겪으셨지만 아직 살아 계신다.

· My grandfather has survived two heart attacks.

우리 할아버지께서는 두 번의 심장마비를 이겨내셨다.

---

survive

타. 누구보다 더 오래 살다 (outlive)

I don't want to live longer than my wife.

난 아내보다 더 오래 살고 싶지 않다.

· I don't want to survive my wife.

· 난 아내보다 오래 살고 싶지 않다.

---

double

자, 타. 두 배가 되다; 두 배로 늘리다

Make the number of the bouquets as twice as now.

부케의 수를 지금의 두 배로 만들어라.

· Double the number of the bouquets.

부케의 수를 두 배로 늘려라.

* Triple the number of the managers.

* 관리자의 수를 세 배로 늘려라.

---

halve

자, 타. 반으로 줄다; 줄이다

The crime rate in Korea decreased to its half.

한국의 범죄율이 그 반으로까지 줄었다.

· The crime rate in Korea halved.

한국의 범죄율이 반으로 줄었다.

cost

타. 누가 무엇을 사는 데 얼마가 들게 하다
(4형식 용법으로)

I bought this cute cell phone with 500,000 won.

50만 원으로 이 깜찍한 휴대폰을 샀다.

· This cute cell phone cost me 500,000 won.

이 깜찍한 휴대폰을 사는 데 50만 원이 들었다.

save

타. 누구에게 돈이나 시간 등을 절약하게 하다
(4형식 용법으로)

Because of your timely advice, I saved 80,000 won.

당신의 시기적절한 충고로 8만 원을 절약했습니다.

· Your timely advice saved me 80,000 won.

당신의 시기적절한 충고로 8만 원을 절약했습니다.

earn

타. 누구에게 무엇을 얻게 하다 (4형식 용법으로)

Because of his violent behaviors, he got the nickname of Mad Dog.

난폭한 행동 때문에 그는 미친 개라는 별명을 얻었다.

· His violent behaviors earned him the nickname of Mad Dog.

난폭한 행동으로 그는 미친 개라는 별명을 얻었다.

walk

타. 같이 걸어서 집에 바래다주다

I'll walk with you to your house.

너희 집까지 같이 걸어갈게.

· I'll walk you home.

(걸어서) 집까지 바래다줄게.

* I'll ride you home.

* (차로) 집까지 바래다줄게.

---

welcome

타. 사람이나 변화 등을 반갑게 맞이하다, 환영하다

I always accept challenges gladly.

난 언제나 도전을 기쁘게 받아들인다.

· I always welcome challenges.

난 언제나 도전을 환영한다.

---

vary

자, 타. 다르다; 다르게 하다

Viewers showed different reactions.

시청자들이 다른 반응을 보여주었다.

· Viewers' reactions varied.

시청자들의 반응이 다양했다.

---

reflect

자. (on과 함께) 곰곰이 생각하다, 숙고하다

I thought deeply about what had happened to find out the cause of my failure.

실패의 원인을 찾아내기 위해 일어났던 일들에 대해 곰곰이 생각했다.

· I reflected on what had happened to find out the cause of my failure.

실패의 원인을 찾아내기 위해 일어났던 일들을 숙고했다.

copy

타. 행동이나 외모를 따라하다, 모방하다

Little boys tend to do the same behaviors as their older brothers do.

어린 소년들은 형들이 하는 행동들을 똑같이 하는 경향이 있다.

· Little boys tend to copy their older brothers' behaviors.

어린 소년들은 형들의 행동을 따라하는 경향이 있다.

admire

타. 매우 좋아하고 존경하다, 감복하다

I respect the little girl's courage very much.

그 어린 소녀의 용기를 매우 존경한다.

· I admire the little girl's courage.

그 어린 소녀의 용기에 감복했다.

overhear

타. 사람들이 하는 얘기를 우연히 듣다

While my parents were talking about my future, I heard it by accident.

부모님이 나의 미래에 대해 말씀 나누실 때 우연히 듣게 되었다.

· I overheard my parents talking about my future.

부모님이 나의 미래에 대해 나누시는 말씀을 우연히 듣게 되었다.

overreact	자. (to와 함께) 지나치게 감정을 드러내다, 과잉 반응하다

Don't get too upset when people criticize you.

사람들이 당신을 비판할 때 너무 화내지 마라.

· Don't overreact to criticism.

비판에 과잉 반응하지 마라.

over-estimate	타. 어떤 것의 중요성이나 비중을 실제보다 높게 잡다, 과대평가하다

I thought I was very intelligent, but I was wrong.

난 내가 매우 똑똑한지 알았지만 그렇지 못했다.

· I overestimated my intelligence.

난 나의 지성을 과대평가했다.

* I underestimated my intelligence.

* 난 나의 지성을 과소평가했다.

* 비슷한 예 | overemphasize 지나치게 강조하다
overcharge 과잉 청구하다, overdose 약을 과잉 투여하다

harm	타. 고의로 신체적인 상해를 입히다, 해치다

The robber said he didn't want to make me feel pain.

강도는 내게 고통을 느끼게 하고 싶지 않다고 말했다.

· He said he didn't want to harm me.

강도는 날 해치지 않겠다고 말했다.

* 비슷한 말 | hurt

abuse 타. 잔인하게 다루다, 학대하다

Her mother treated her very cruelly when she was young.

그녀의 어머니는 그녀가 어렸을 때 그녀를 매우 잔인하게 다루었다.

· Her mother abused her when she was young.

그녀의 어머니는 그녀가 어렸을 때 그녀를 학대했다.

---

devastate 타. 완전히 파괴하다, 초토화시키다

The tsunami destroyed the small villages completely.

쓰나미는 작은 마을들을 완전히 파괴했다.

· The tsunami devastated the small villages.

쓰나미는 작은 마을들을 초토화시켰다.

---

dare 타. 누구에게 무엇하는 것이 두렵지 않음을 증명
해보라고 요구하다

My boyfriend asked me to prove that I was not afraid of eating a live octopus.

내 남자 친구는 내가 산낙지 먹는 것을 두려워하지 않음을 증명해 보라고
했다.

· My boyfriend dared me to eat a live octopus.

내 남자 친구는 내게 산낙지를 먹을 수 있으면 먹어보라고 했다.

---

spark 타. 불러일으키다 (명사와 함께)

What made you take interest in growing herbs?

무엇 때문에 허브 키우기에 관심을 갖게 되셨습니까?

· What sparked your interest in growing herbs?

무엇이 허브 키우기에 대한 관심을 불러일으켰습니까?

---

feign

타. 짐짓 어떤 상태에 있는 척 하다 (명사와 함께)

When he called her the next day, she pretended to be sick.

그가 다음 날 그녀에게 전화했을 때 그녀는 아픈 척 했다.

· When he called her the next day, she feigned sickness.

---

linger

자. 어떤 곳에서 필요 이상의 시간을 보내며 유유자적하게 놀다

We stayed at the restaurant for a longer time we'd planned, catching up.

우리는 회포를 풀면서 그 식당에서 생각보다 긴 시간 동안 머물렀다.

· We lingered at the restaurant, catching up.

우리는 회포를 풀면서 그 식당에서 노닥거렸다.

---

haunt

타. 좋지 않은 생각이 누구에게 자꾸 떠오르다

I can't still get my daughter's tearful cries out of my mind.

나는 내 딸의 눈물 섞인 외침을 여전히 머릿속에서 몰아내지 못하고 있다.

· My daughter's tearful cries still haunt me.

내 딸의 눈물 섞인 외침이 여전히 나를 괴롭힌다.

elude

타. 누구에게 이해되지 않거나 기억에 남지 않다

I met the director several times, but he still doesn't remember my name.

그 감독님을 여러 번 만났지만, 그 분은 여전히 내 이름을 모르신다.

· I met the director several times, but my name still eludes him.

---

outnumber

타. A outnumbers B : A가 B보다 수적으로 우세하다

There were more celebrities than ordinary people in her wedding.

그녀의 결혼식에는 보통 사람보다 유명인이 더 많았다.

· Celebrities outnumbered ordinary people in her wedding.

---

outshine

타. A outshines B : A가 B보다 무엇을 더 잘하다 (surpass), 능가하다

Since she was born, Rose has been better than her elder sisters in beauty.

날 때부터 로즈는 미모 면에서 언니들보다 더 나았다.

· Since she was born, Rose has outshined her elder sisters in beauty.

날 때부터 로즈는 미모에서 언니들을 능가했다.

* 비슷한 예 | outwit 재치에서 앞서다, outsmart 재치에서 앞서다
  outgrow 더 빨리 자라다, outlast 더 오래 지속되다
  outweigh 비중이 더 크다

diversify

타. 더욱 다양하게 만들다, 다양화시키다

Make your sentences more diverse.

당신의 문장을 더욱 다양하게 만들어라.

· Diversify your sentences.

당신의 문장을 다양화시켜라.

clarify

타. 더욱 분명하게 하다, 명확하게 하다

Would you make your point more clearly?

요점을 좀더 분명하게 해주시겠습니까?

· Would you clarify your point?

요점을 명확하게 해주시겠습니까?

simplify

타. 복잡한 것을 없애고 간소화하다

We need to make the purchase procedure simple to attract more customers.

더 많은 고객을 확보하기 위해서는 구입 절차를 간소하게 만들어야 합니다.

· We need to simplify the purchase process to attract more customers.

더 많은 고객을 확보하기 위해서는 구입 절차를 간소화시켜야 합니다.

* 비슷한 예 | exemplify 예시하다, 모범이 되다, purify 정화하다 solidify 고체화하다, 결속시키다, glorify 찬양하다

strengthen

타. 누구를 더욱 강하게 하다, 강화시키다

All the hardships have made me stronger.

모든 역경이 나를 더 강하게 해주었다.

· All the hardships have strengthened me.

모든 역경이 나를 더 강하게 했다.

---

enliven

타. 어떤 이나 어떤 상황을 더욱 즐겁게 만들다,
분위기를 돋우다

His great sense of humor made the boring
meeting lively and cheerful.

그의 대단한 유머 감각이 지루한 회의를 생기 있고 활기차게 했다.

· His great sense of humor enlivened the
boring meeting.

그의 대단한 유머 감각이 지루한 회의에 활기를 불어넣었다.

* 비슷한 예 ┃ worsen 악화시키다, weaken 약화시키다
brighten 밝게 하다, darken 어둡게 하다
tighten 바짝 죄다, loosen 느슨하게 하다

---

anticipate

타. 어떤 사건을 예상하고 준비하다

My father always told me to expect and be
prepared for a problem before it arises.

아버지는 늘 내게 어떤 문제가 일어나기 전에 그것을 예상하고 준비하라고
가르치셨다.

· My father always told me to anticipate a
problem.

아버지는 늘 내게 어떤 문제가 일어나기 전에 대비하라고 가르치셨다.

---

coincide

자. (with와 함께) 어떤 사건이 다른 사건과 우연
히 동시에 발생하다

Coincidentally the day she graduated was my 20th birthday.

우연의 일치로 그녀가 졸업한 날이 내 스무 번째 생일이었다.

· Her graduation day coincided with my 20th birthday.

그녀의 졸업이 내 스무 번째 생일과 우연히 겹쳤다.

---

facilitate

타. 어떤 일이 더욱 수월하게 진행되도록 만들다, 촉진하다

He argued that the new canal would make the exporting of goods easier.

그는 새로운 운하가 상품 수출을 더욱 수월하게 만들 것이라고 주장했다.

· He argued that the new canal would facilitate the exporting of goods.

그는 새로운 운하가 상품 수출을 촉진할 것이라고 주장했다.

---

betray

타. 어떤 감정이나 상태를 자기도 모르게 혹은 의지에 반해 드러내다

My shaky voice revealed my extreme nervousness although I tried to hide it.

나는 극도의 불안감을 숨기려 애썼지만 내 떨리는 목소리가 그것을 드러냈다.

· My shaky voice betrayed my extreme nervousness.

내 떨리는 목소리가 극도의 불안감을 나도 모르게 드러냈다.

elaborate

자. (on과 함께) 전술한 내용을 더 자세하게 설명
하다

I will explain more specifically on how to
prevent gas leak.

가스 유출을 예방하는 방법들에 대해서 좀더 구체적으로 설명할 것이다.

· I will elaborate on how to prevent gas leak.

가스 유출을 예방하는 방법들에 대해 상세히 설명할 것이다.

---

different-iate

자, 타. A와 B의 차이를 인식하다

How can we know the difference between a
passionate suitor and a stalker?

열렬한 구혼자와 스토커의 차이를 어떻게 구별할 수 있을까?

· How do we differentiate between a passionate
suitor and a stalker?

· How do we differentiate a passionate suitor
from a stalker?

열렬한 구혼자와 스토커를 어떻게 구별할 수 있을까?

---

escalate

자, 타. 좋지 않은 상황이나 감정이 더욱 악화되다;
악화시키다

The tension between us was getting more serious.

우리 사이의 긴장이 더욱 심각해지고 있었다.

· The tension between us was escalating.

우리 사이의 긴장이 고조되고 있었다.

* 비슷한 말 | intensify, mount (중립적으로) 강렬해지다
aggravate, exacerbate 악화시키다

accelerate

자, 타. 진행 속도가 더욱 빨라지다, 가속화시키다

The new government is making the speed of economic development faster.

새 정부는 경제 발전의 속도를 더욱 빠르게 하고 있다.

· The new government is accelerating economic development.

새 정부는 경제 발전을 가속화시키고 있다.

hinder

타. 진행 속도를 느리게 하다, 지연시키다

The loss of the documents made it hard to do further investigation.

서류의 분실로 더 이상의 수사를 하기가 어려워졌다.

· The loss of the documents hindered further investigation.

서류의 분실로 수사가 지연되었다.

jeopardize

타. 위험에 빠뜨리다, 위태롭게 하다

His reckless behavior put his wife's life into danger.

그의 무모한 행위가 그의 아내의 생명을 위험에 빠뜨렸다.

· His reckless behavior jeopardized his wife's life.

그의 무모한 행위가 그의 아내의 생명을 위태롭게 했다.

offset

타. A가 B의 장점, 단점, 손실, 이득 등을 상쇄시키다

My income increased but higher prices made it meaningless.

내 수입은 늘었지만 높아진 물가가 그것을 의미 없게 만들어 버렸다.

· Higher prices offset the increase of my income.

높아진 물가가 수입의 증가를 상쇄시켜 버렸다.

---

legalize 　타. 합법화하다

We should allow gay marriage to be legal.

동성애 결혼이 합법이 되도록 허락해야 한다.

· We should legalize gay marriage.

동성애 결혼을 합법화해야 한다.

---

prioritize 　타. 일의 우선순위를 정하다

When you have a lot of things to do, decide which is more important.

할 일이 많을 때는 무엇이 더 중요한지 결정해라.

· When you have a lot of things to do, prioritize your work.

할 일이 많을 때는 일의 우선순위를 정해라.

---

authorize 　타. 누구에게 무엇을 할 공식적인 허가를 내주다

They gave me official permission to interview the applicants.

그분들이 내게 지원자들을 면접할 공식적인 허가를 내주었다.

· They authorized me to interview the applicants.
· I am authorized to interview the applicants.

내게 지원자들 면접의 권한이 있다.

* 비슷한 예 ㅣ realize 현실화하다, civilize 문명화하다
mechanize 기계화하다, standardize 표준화하다
maximize 극대화하다, minimize 극소화하다

간결한 문장을 돕는 복합 형용사 모음

① 사람의 마음이나 몸, 행위를 꾸미는 대표적인 복합 형용사들

*warm-hearted 마음이 따뜻한, *hot-tempered 다혈질의, *free-spirited 자유로운 영혼의, *strong-willed 의지가 강한, *narrow-minded 마음이 좁은, *well-mannered 예절바른, *like-minded 같은 마음의, *well-known 유명한, *well-built 체격이 좋은, *brown-eyed 갈색 눈동자의, *blonde-haired 금발 머리의, *left-handed 왼손잡이인, *broad-shouldered 어깨가 넓은, *short-haired 짧은 머리의, *law-observing 법을 준수하는, *bribe-offering 뇌물을 제공하는, *computer-illiterate 컴맹인

😖 I met this man who has a warm heart on a blind date.

따뜻한 마음을 가진 이 남자를 미팅에서 만났다.

😊 I met this warm-hearted man on a blind date.

마음이 따뜻한 이 남자를 미팅에서 만났다.

😖 Thousands of people who had similar ideas and interests gathered in the square.

비슷한 생각과 이해관계를 가진 수천 명의 사람들이 광장에 모였다.

😊 Thousands of like-minded people gathered in the square.

한 마음을 가진 수천 명의 사람들이 광장에 모였다.

😖 The tall actress who has a big, strong body caught the eye of the director.

크고 강한 몸을 가진 그 훤칠한 여배우가 감독의 눈길을 사로잡았다.

130

The tall, well-built actress caught the eye of the director.

그 훤칠하고 건장한 여배우가 감독의 눈길을 사로잡았다.

The police is finding a killer who uses his left hand.

경찰은 왼손을 쓰는 살인범을 찾고 있다.

The police is finding a left-handed killer.

경찰은 왼손잡이 살인범을 찾고 있다.

The rights of the citizens who observe the law should be considered first.

법을 준수하는 시민들의 권리가 먼저 고려되어야 한다.

The rights of law-observing citizens should be considered first.

법을 준수하는 시민들의 권리가 먼저 고려되어야 한다.

Parents who don't know anything about computer easily get deceived by their children.

컴퓨터에 대해서 아무 것도 모르는 부모들은 자녀들에게 쉽게 속는다.

Computer-illiterate parents easily get deceived by their children.

컴퓨터에 문외한인 부모들은 자녀들에게 쉽게 속는다.

② 사건이나 태도, 사물 등을 꾸미는 대표적인 복합 형용사들

*heart-rending/heart-breaking 가슴을 찢는, *mind-blowing 넋을 나가게 하는, *hair-raising 머리카락을 쭈뼛 서게 하는, *well-intentioned 선한 의도의, *well-organized 잘 정돈된, *self-inflicting 스스로에게 해를 끼치는, *eye-opening 새로운 깨우침을 주는, *eye-catching 눈길을 사로잡는, *deep-seated 깊숙이 뿌리박힌, *man-made 인간이 만든, *life-threatening 생명을 위협하는, *home-grown 집에서 키운, *low-income 수입이 낮은, *fast-growing 빠르게 성장하는, *ever-changing 끊임없이 변화하는, *year-round 연중무휴의, *hard earned 어렵게 얻은, *broken-down 고장난

ㅠㅠ The heartless lady wasn't touched at all by the accident that can break all the people's heart.

몰인정한 부인은 모든 사람의 가슴을 아프게 할 그 비극적인 사고에 전혀 동요되지 않았다.

^^ The heartless lady wasn't touched at all by the heart-breaking accident.

몰인정한 부인은 그 가슴 아픈 비극적 사고에 전혀 동요되지 않았다.

ㅠㅠ The neighbor had no choice but to forgive her mistake that came from a good intention.

이웃 사람은 선한 의도에서 비롯된 그녀의 실수를 용서할 수밖에 없었다.

^^ The neighbor had no choice but to forgive her well-intentioned mistake.

이웃 사람은 선한 의도에서 비롯된 그녀의 실수를 용서할 수밖에 없었다.

ㅠㅠ It turned out that he had inflicted the injury on himself.

그가 스스로에게 상처를 입힌 것으로 밝혀졌다.

😐 It turned out that it was a self-inflicting injury.

그것이 자해에 의한 상처라고 밝혀졌다.

😐 The government should provide for the families that
have low income.

정부는 낮은 수입을 벌어들이는 가정에 재정지원을 해야 한다.

😊 The government should provide for low-income families.

정부는 저소득층 가정에 재정지원을 해야 한다.

😐 Nobody can take away my money that I earned by
working hard.

누구도 힘들게 일해서 번 내 돈을 빼앗아 갈 수 없다.

😊 Nobody can take away my hard earned money.

누구도 힘들게 번 내 돈을 빼앗아 갈 수 없다.

③ 나이, 시간, 길이, 넓이 등을 표현하는 대표적인 복합 형용사들

*25-year-old daughter/machine/organization/hostility 25살 난 딸, 25년 된 기계, 25년 된 조직, 25년 묵은 적대감
*two-week-long festival/storm/negotiation/vacation 2주 동안의 축제, 2주간 불어 닥친 폭풍, 2주 동안의 협상, 2주 동안의 휴가
*30-minute presentation/consultation/surgery/nap 30분 길이의 발표, 30분 동안의 상담, 30분 걸리는 수술, 30분간의 낮잠
*seven-feet-tall player/building/poll/ice wall 7피트 키의 선수, 7피트 높이의 건물, 7피트 길이의 장대, 7피트 높이의 얼음벽

😀 We have to replace the old machine we've used for 25 years with a new one.

우리가 25년 동안 사용해온 저 기계를 새 것으로 교체해야 한다.

😎 We have to replace the 25-year-old machine with a new one.

25년 된 저 기계를 새 것으로 교체해야 한다.

😀 The storm that had lasted for two weeks devastated our village.

2주간 지속된 그 폭풍이 우리 마을을 초토화시켰다.

😎 The two-week-long storm devastated our village.

2주간 불어 닥친 그 폭풍이 우리 마을을 초토화시켰다.

😀 All applicants are required to make a presentation for 30 minutes.

모든 지원자들은 30분 동안 발표를 해야 한다.

☺ All applicants are required to make a 30-minute presentation.

모든 지원자들은 30분간의 발표를 해야 한다.

☹ The basketball player who is seven feet tall is my roommate' s brother.

키가 7저 농구선수가 내 방짝의 형이다.

☺ The seven-feet-tall basketball player is my roommate' s brother.

키가 7피트인 저 농구선수가 내 방짝의 형이다.

④ 유용한 복합 형용사를 만드는 대표적인 형용사들

-friendly	무엇에 친화적인, 누구의 편의를 도모하는

-friendly

무엇에 친화적인, 누구의 편의를 도모하는

The environmentalists want the government to carry out the development that doesn't harm the environment.

환경 보호론자들은 정부가 환경을 해치지 않는 개발을 실천하길 원한다.

· The environmentalists want the government to carry out eco-friendly development.

환경 보호론자들은 정부가 친환경 개발을 실천하길 원한다.

* 비슷한 예 | customer-friendly/student-friendly/beginner-friendly
고객 · 학생 · 초보자의 편의를 도모하는

-free

무엇이 없는, 들어 있지 않는

I spent a week on the beautiful tropical island without feeling any stress.

나는 그 아름다운 열대의 섬에서 스트레스를 전혀 느끼지 않고 일주일을 보냈다.

· I spent a stress-free week on the beautiful tropical island.

나는 그 아름다운 열대의 섬에서 스트레스 없는 일주일을 보냈다.

* 비슷한 예 | fat-free 무지방의, crime-free 범죄 없는, cholesterol-free 콜레스테롤이 없는, pollution-free 무공해의

-oriented

어떤 것에 대한 지향이 강한, 그 중심의

It is an organization that pursues profits, not a charity.

그것은 자선단체가 아니라 수익을 추구하는 조직이다.

· It is a profit-oriented organization, not a charity.

그것은 자선단체가 아니라 수익을 추구하는 조직이다.

* 비슷한 예 | market-oriented 시장 중심의, family-oriented 가족 중심의, politically oriented 정치성 짙은

-based

어디에 본부를 둔, 무엇이 중심이 되는

How many companies whose main office is situated in Korea are there in Japan?

일본에는 본부를 한국에 둔 회사가 얼마나 있습니까?

· How many Korean-based companies are there in Japan?

일본에는 한국에 본부를 둔 회사가 얼마나 있습니까?

* 비슷한 예 | nature-based 자연 추출물이 주를 이루는 computer-based 컴퓨터 작업을 주로 하는

-priced

값이 어느 정도인

Do not miss the chance to enjoy the coffee whose price is only half.

가격이 반밖에 안 되는 커피를 즐길 수 있는 기회를 놓치지 마세요.

· Do not miss the chance to enjoy half-priced coffee.

반 값 커피를 즐길 수 있는 기회를 놓치지 마세요.

* 비슷한 예 | double-priced 값이 두 배인

-owned

누구 소유의

The price of the land owned by the government doubled.

정부가 소유한 그 토지의 가격이 두 배로 뛰었다.

· The price of the government-owned land doubled.

정부 소유의 그 토지의 가격이 두 배로 뛰었다.

* 비슷한 예 | family-owned 가족 소유의, state-run 정부가 운영하는

-turned-

과거에 A였다가 이제 B가 된

I wrote an article about a wine expert who used to be an engineer.

예전에 공학자였다가 와인 전문가가 된 사람에 대한 기사를 썼다.

· I wrote an article about an engineer-turned-wine expert.

공학자에서 와인 전문가로 변신한 사람에 대한 기사를 썼다.

-bound

어디에 혹은 무엇에 매여 사는

I always have to work at desk. I hate this kind of life.

난 늘 책상에 붙어 일해야 한다. 이런 종류의 삶이 싫다.

· I hate this desk-bound life.

책상에 매인 이 삶이 싫다.

* 비슷한 예 ㅣ wheelchair-bound 휠체어 신세의
　　　　　　　　fog-bound 상습적으로 안개가 끼는

-led

어떤 이나 어떤 것을 주도하는

These days it is hard to find a democracy movement that is led by students.

요즘에는 학생들이 주도하는 민주화 운동을 찾아보기 어렵다.

· These days it is hard to find a student-led democracy movement.

요즘에는 학생 주도의 민주화 운동을 찾아 보기 어렵다.

* 비슷한 예 ㅣ child-led 아이들 주도의, export-led 수출 주도의

-stricken

무엇에 큰 피해나 고통을 겪고 있는

The husband who is suffering from extreme grief refused the interview.

극심한 슬픔을 겪고 있는 그 남편은 인터뷰를 거절했다.

· The grief-stricken husband refused the interview.

비탄에 잠겨 있는 그 남편은 인터뷰를 거절했다.

* 비슷한 예 ㅣ poverty-stricken 가난에 찌든
　　　　　　　　war-stricken 전쟁에 찌든
　　　　　　　　hurricane-stricken 허리케인에 강타 당한
　　　　　　　　leukaemia-stricken 백혈병을 앓고 있는

간결한 문장을 돕는 '매우' 강한 형용사 모음

* 주의 | '매우'의 의미를 담은 강한 형용사를 더 강조하고 싶을 때는 'completely',
'absolutely', 'utterly', 강하지 않은 형용사 수식에는 'very', 'extremely'를 씁니다.

delighted	사람이 매우 큰 즐거움을 느끼는,
	기쁜(very pleased)
	· I'm delighted to see you again.
	널 다시 보게 되어 매우 기쁘다.
	* 비슷한 말	thrilled, overjoyed

delightful	남에게 큰 즐거움을 주는,
	매우 기분 좋은(very pleasant)
	· I remembered my cousin as absolutely delightful.
	내 사촌이 정말 기분 좋은 사람이었다고 기억한다.

amazed	사람이 매우 놀라는
	(extremely surprised)
	· The children were amazed to hear that their mother would return home in a week.
	일 주일 후에 엄마가 집으로 돌아온다는 소식에 아이들은 깜짝 놀랐다.

amazing	사람을 매우 놀라게 하는
	(very surprising)

· What an <u>amazing</u> coincidence!

얼마나 놀라운 우연의 일치인가?

* 비슷한 말 | astonishing

dazzling

매우 아름다운(very beautiful), 눈부신

· The aquatic garden was filled with <u>dazzling</u> flowers.

그 수생 식물 공원은 눈부신 꽃으로 가득차 있었다.

* 비슷한 말 | gorgeous

huge

매우 큰(very large), 거대한

· The thick-bearded man was carrying a <u>huge</u> yellow square bag on his shoulder.

덥수룩한 턱수염의 그 남자는 어깨에 거대한 크기의 노란 사각형 가방을 매고 있었다.

* 비슷한 말 | enormous, gigantic, tremendous

tiny

매우 작은(extremely small), 미세한

· The patient has a lot of <u>tiny</u> red spots on her body.

그 환자의 몸에는 미세한 붉은 반점들이 나있다.

robust

매우 건강한(very healthy, very strong), 혈기왕성한

- Her four sons are all <u>robust.</u>

그녀의 네 아들은 모두 혈기왕성하다.

vital

매우 중요한(extremely important), 핵심적인
- Regular exercise is <u>vital</u> to good health.

규칙적인 운동이 건강에 핵심적이다.

furious

매우 화난(very angry), 격분한
- The customer got <u>furious</u> at the clerk's indifference.

고객은 점원의 무관심에 격분했다.

fierce

매우 치열한, 매우 공격적인
(very intense, very aggressive)
- I got the first prize in the <u>fierce</u> competition.

그토록 격심한 경쟁에서 나는 일등상을 탔다.

freezing

매우 추운(very cold), 살을 에는
- It's <u>freezing</u> outside.

바깥 날씨가 살을 엔다.

starving

매우 배고픈(extremely hungry), 굶어 죽어가는
- Where is my lunch? I'm <u>starving!</u>

내 점심 어딨어? 배고파 죽겠어!

intimate

매우 친한, 매우 사적인(very close, very private)

· It seemed that they were having an <u>intimate</u> talk.

그들은 매우 사적인 대화를 나누는 듯 보였다.

terrible

매우 나쁜(very bad), 지독한

· It's crazy to ride a boat in this <u>terrible</u> weather.

이렇게 지독한 날씨에 보트를 타는 것은 미친 짓이다.

* 비슷한 말 | horrible, monstrous, hideous, shocking

excellent

매우 좋은(very good), 훌륭한

· Her <u>excellent</u> performance impressed the judges.

그녀의 훌륭한 공연이 심사위원들에게 깊은 인상을 주었다.

* 비슷한 말 | great, outstanding, brilliant, superb

mortified

사람이 큰 수치심을 느끼는(very embarrassed)

· The waitress <u>was mortified</u> when the manager yelled at her in front of customers.

지배인이 손님들 앞에서 자신에게 소리 지르자 종업원은 큰 수치심을 느꼈다.

mortifying

큰 수치를 느끼게 하는(extremely embarrassing)

· What can be more <u>mortifying</u> than selling your dignity in front of your children?

자식들 앞에서 자신의 존엄성을 팔아 버리는 것보다 더 수치스러운 일이 무엇이겠습니까?

* 비슷한 말 | humiliating

haughty

매우 거만한(very arrogant)

· I don't appreciate your <u>haughty</u> tone.

당신의 그 매우 불손한 어조가 마음에 안 듭니다.

---

ridiculous

매우 어리석은(very foolish)

· I can't believe such a smart woman made such an absolutely <u>ridiculous</u> decision.

그토록 똑똑한 여자가 그렇게 말도 안 되는 어리석은 결정을 내리다니 믿을 수가 없다.

---

filthy

매우 더러운(very dirty), 추잡한

· The homeless old man snatched at the sandwich in the tray with his <u>filthy</u> hands.

그 늙은 노숙자는 지저분한 손으로 쟁반에 있던 샌드위치를 낚아챘다.

---

swift

매우 빠른(very quick), 신속한

· Thank you for your <u>swift</u> reply.

신속한 답변에 감사드립니다.

* 비슷한 말 l prompt

---

explicit

매우 분명한(very clear), 명백한, 숨김없는

· My homeroom teacher sent me her <u>explicit</u> approval.

담임 선생님은 내게 명백한 찬성의 표시를 보내주셨다.

dramatic

차이가 매우 큰(very big)

· I was shocked at the dramatic change of his looks.

너무도 많이 변한 그의 모습에 나는 충격을 받았다.

* 비슷한 말 | drastic, radical

terrifying

매우 무서운(very scary), 무시무시한

· The bodyguard shot a terrifying stare at me.

경호원이 무시무시한 눈빛으로 나를 노려보았다.

* 비슷한 말 | horrifying, appalling

resolute

매우 결연한(extremely determined), 단호한

· She was resolute in her refusal to apologize first.

그녀는 단호하게 먼저 사과하지 않겠다고 버텼다.

간결한 문장을 돕는 자체 발광 형용사 모음

① 가장 일반적인 분야별 형용사

*historical 역사의, *social 사회의, *environmental 환경의, *economic 경제의, *political 정치의, *financial 재정의, *diplomatic 외교의, *agricultural 농업의, *educational 교육의, *medical 의학의, *judiciary/judicial 사법의, *military 군대의, *ethical 윤리의, *scientific 과학의, *mental 정신의, *physical 육체의, *spiritual 영적인, *criminal 범죄의, *psychological 심리의, *philosophical 철학의, *domestic 국내의, *international 국제적인

🙂 **This is a book about history.**

이것은 역사에 관한 책이다.

😄 **This is a historical book.**

이것은 역사책이다.

🙂 **This is the biggest market that deals in products from agriculture that was produced in country.**

이곳은 한국에서 생산된 농업 분야의 제품들을 취급하는 최대 시장이다.

😄 **This is the biggest market that deals with domestic agricultural products.**

이곳은 국산 농산물을 취급하는 최대 시장이다.

🙂 **The legal system of punishment should be renovated.**

처벌에 대한 법적 체계가 개혁되어야 한다.

The judiciary system should be renovated.

사법 제도가 개혁되어야 한다.

The shameless man approached the innocent children with the intention of committing a crime.

그 파렴치한은 범죄를 저지를 의도를 갖고 그 순진무구한 아이들에게 접근했다.

The shameless man approached the innocent children with criminal intent.

그 파렴치한은 범죄를 저지를 요량으로 그 순진무구한 아이들에게 접근했다.

Your acute headache is a problem concerned with your psychology.

당신의 극심한 두통은 당신의 심리와 연관된 문제입니다.

Your acute headache is a psychological problem.

당신의 극심한 두통은 심리적인 문제입니다.

UN was established to resolve the disputes among countries.

유엔은 국가들 간의 분쟁을 해결하기 위해 설립되었다.

UN was established to resolve international disputes.

유엔은 국제적 분쟁을 해결하기 위해 설립되었다.

② 한층 미세한 분야별 형용사들

*technical 기술적인, *managerial 관리의, *administrative 경영의, *surgical 외과의/수술의, *cosmetic 미용의, *cosmic 우주의, *governmental 정부의, *medicinal 의약의, *geographical 지리적인, *astronomical 천문학의, *chemical 화학의, *electronic 전자의, *linguistic 언어의, *academic 학구적인, *neurotic 신경의, *cerebral 뇌의, *mathematical 수학의, *psychiatric 정신병 치료의, *biological 생물학적, *genetic 유전적, *botanical 식물의, *herbal 풀의, *aromatic 향기의, *disciplinary 규율의

The new executive's excellent skills in management rescued our company from bankruptcy.

새로 온 중역의 관리에서의 뛰어난 역량이 우리 회사를 파산에서 구해냈다.

The new executive's excellent managerial skills rescued our company from bankruptcy.

새로 온 중역의 뛰어난 관리 능력이 우리 회사를 파산에서 구해냈다.

Some instruments used in surgery were stolen.

외과수술에 쓰이는 도구 일부를 도난당했다.

Some surgical instruments were stolen.

외과수술 도구 일부를 도난당했다.

I raise a few herbs to use them as medicines.

약으로 쓰기 위해서 몇 가지 식물을 키운다.

I raise a few herbs for medicinal purposes.

약용으로 몇 가지 식물을 키운다.

😥 This test was designed to measure how good students can be at study.

이 테스트는 학생들이 공부를 얼마나 잘 할 수 있는지 측정하기 위해 고안되었다.

😊 This test was designed to measure students' academic ability.

이 테스트는 학생들의 학업 능력을 측정하기 위해 고안되었다.

😥 My father is a doctor who treats mentally unstable people.

우리 아버지는 정신적으로 불안정한 사람들을 치료하는 의사시다.

😊 My father is a psychiatric doctor.

우리 아버지는 정신과 의사시다.

😥 Diabetes is a disease that passes from generation to generation.

당뇨는 세대에서 세대로 전해지는 질병이다.

😊 Diabetes is a genetic/hereditary disease.

당뇨는 유전병이다.

😥 What he gently laid on my palm was a crystal cell phone charm that has a pleasant smell.

그가 내 손바닥 위에 살포시 올려놓은 것은 좋은 냄새가 나는 수정 휴대폰 고리였다.

😊 What he gently laid on my palm was an aromatic cell phone charm.

그가 내 손바닥 위에 살포시 올려놓은 것은 향기 나는 수정 휴대폰 고리였다.

③ 주기별 형용사들

*hourly 매 시간의, *daily 매일의, *weekly 매주의, *monthly 매월의, *biannual 연
2회의, *quarterly 연 4회의, *yearly 매년의, *annual 매년의, *centennial 백년마다의,
*bicentennial 2백년마다의

> **Among all the magazines published once a month, which one sells most?**
>
> 한 달에 한 번씩 출판되는 모든 잡지 중에서 어느 것이 가장 많이 팔립니까?
>
> **Among all the monthly magazines, which one sells most?**
>
> 모든 월간지 중에서 어느 것이 가장 많이 팔립니까?

> **All the employees must take the psychiatric examination that happens twice a year.**
>
> 모든 사원들은 일 년에 두 번씩 벌어지는 정신 검진을 받아야 한다.
>
> **All the employees must take the biannual examination.**
>
> 모든 사원들은 연 2회의 정신 검진을 받아야 한다.

④ 일반적으로 유용한 형용사들

former   과거에 어떤 직책이었던

He introduced to me a person who had been a sales manager.

그는 예전에 판매 부장을 지냈던 사람을 내게 소개해 주었다.

· He introduced to me a former sales manager.

그는 전직 판매 부장을 내게 소개해 주었다.

current   현재의

What's the difference between your former job and the job you have at present?

당신의 전직과 현재 갖고 있는 직업의 차이점은 무엇입니까?

· What's the difference between your former job and your current one?

당신의 전직과 현재 직업의 차이점은 무엇입니까?

mutual   양 편이 공유하는

She is my friend and she is his friend too.

그녀는 나의 친구이며 그의 친구이기도 하다.

· She is our mutual friend.

그녀는 나와 그의 친구다.

urban | **도시의**

The people who live in cities usually earn higher income.

도시에 사는 사람들이 보통 수입이 더 높다.

· Urban citizens usually earn higher income.

도시민들이 보통 수입이 더 높다.

---

rural | **시골의**

Schools situated in the country have better facilities.

시골에 위치한 학교들의 시설이 더 좋다.

· Rural schools have better facilities.

시골학교들의 시설이 더 좋다.

---

overseas | **해외의**

In particular, sales in foreign countries increased by 30 percent.

특히 외국에서의 판매액은 30퍼센트 성장했다.

· In particular, overseas sales increased by 30 percent.

특히 해외 판매액은 30퍼센트 성장했다.

---

unpaid | **무급의**

My boss gave me an one-month vacation with no salary.

내 상사는 내게 월급이 없는 한 달 간의 휴가를 주었다.

· My boss gave me an one-month, unpaid vacation.

내 상사는 내게 한 달 간의 무급 휴가를 주었다.

---

primary

가장 중요한, 일차적인

Meditation is the most important source of my creativity.

명상은 내 창조력의 가장 중요한 원천이다.

· Meditation is the primary source of my creativity.

명상은 내 창조력의 제 1의 원천이다.

---

secondary

덜 중요한, 부차적인

Your ability is a less important factor for your success.

당신의 능력은 성공으로 가는 부차적인 요소다.

· Your ability is a secondary factor for your success.

당신의 능력은 성공의 부차적인 요소다.

---

chronic

고질의, 만성의

I have back pain and have suffered from it for a long time.

나에겐 요통이 있는데 그것 때문에 오랫동안 고생하고 있다.

· I have chronic back pain.

나에겐 만성 요통이 있다.

* 반대말 ㅣ acute 급성의

---

identical

똑같은, 동일한

The voice the actor acted out was exactly the same as the kidnapper's.

그 배우가 연기한 목소리는 유괴범의 목소리 꼭 그대로였다.

· The voice the actor acted out was identical to the kidnapper's.

그 배우가 연기한 목소리는 그 유괴범의 목소리와 똑같았다.

---

related

혈연관계에 있는

We are connected by blood.

우리는 피로 연결되어 있다.

· We are related.

우리는 혈족이다.

---

indoor

실내에서 하는 (사용하는)

I bought a pair of sneakers, which I will wear inside my house.

내가 집 안에서 신을 운동화를 샀다.

· I bought a pair of indoor sneakers.

실내용 운동화를 샀다.

outdoor | 실외에서 하는 (사용하는)

It's the perfect season to throw a party that we enjoy outside the house.

집 밖에서 즐기는 파티를 열기에 안성맞춤인 계절이다.

· It's the perfect season to throw an outdoor party.

야외 파티를 열기에 안성맞춤인 계절이다.

unasked | 부탁 받지 않은

Don't bother to offer me advice that I didn't ask.

내가 부탁하지도 않은 충고를 하려 애쓰지 마라.

· Don't bother to offer me unasked advice.

내가 부탁하지도 않은 충고를 하려 애쓰지 마라.

civil | 한 나라 안에서 (한 민족 간에 일어나는)

Many African people are still suffering from wars that are happening among themselves.

많은 아프리카인들이 아직도 자기들 사이에서 일어난 전쟁으로 고통 받고 있다.

· Many African people are still suffering from civil wars.

많은 아프리카인들이 아직도 내란으로 고통받고 있다.

educated 교육 수준이 높은

People who graduated from university are not free from self-ignorance.

대학을 졸업한 사람들도 자신에 대한 무지로부터 자유롭지 못하다.

· Educated people are not free from self-ignorance.

교육 수준이 높은 사람들도 자신에 대한 무지로부터 자유롭지 못하다.

initial 초기의

The enormous profit offset the cost that we spent in the beginning.

어마어마한 수익이 우리가 처음에 사용한 비용을 상쇄했다.

· The enormous profit offset the initial cost.

어마어마한 수익이 초기 비용을 상쇄했다.

supportive 격려와 지원을 아끼지 않는

It's a blessing to have a spouse who helps you in every possible way.

물심양면으로 격려와 지원을 아끼지 않는 배우자를 만난다는 것은 축복이다.

· It's a blessing to have a supportive spouse.

물심양면으로 격려와 지원을 아끼지 않는 배우자를 만난다는 것은 축복이다.

accidental 실수로 생긴, 우연의

The discovery of the old document, which

happened by chance, turned him into a millionaire.

우연히 이루어진 그 고문서의 발견으로 그는 백만장자가 되었다.

· The accidental discovery of the old document turned him into a millionaire.

그 고문서의 우연한 발견으로 그는 백만장자가 되었다.

allergic 알레르기 반응을 일으키는

When a hairy animal is around me, I get sick.

털 짐승이 주변에 있으면 난 몸이 아프다.

· I am allergic to hairy animals.

나는 털 짐승에 알레르기 반응을 일으킨다.

inborn 타고난

It seems that she was born with the talent for detecting lies.

그녀는 거짓말을 탐지하는 능력을 갖고 태어난 듯하다.

· It seems that she has an inborn talent for detecting lies.

그녀는 거짓말을 탐지하는 타고난 능력을 가진 듯하다.

incurable 불치의

I am an optimist and nothing can change it.

난 낙천주의자이고 어떤 것도 이 사실을 바꿀 수 없다.

· I am an incurable optimist.

난 어쩔 수 없는 낙천주의자다.

nationwide

전국적인 규모의

We are organizing a network that will include all around the country.

우리는 전국을 포괄하는 네트워크를 조직할 것입니다.

· We are organizing a nationwide network.

우리는 전국 네트워크를 조직할 것입니다.

habitual

습관성의

Sex offenders who committed the same crime repeatedly should wear an electronic bracelet from this year.

같은 범죄를 반복적으로 저지르는 성 범죄자들은 올해부터 전자 팔찌를 착용해야 한다.

· Habitual sex offenders should wear an electronic bracelet from this year.

상습적인 성 범죄자들은 올해부터 전자 팔찌를 착용해야 한다.

literate

읽고 쓸 줄 아는

The percentage of the people who can read and write has soared over the last ten years.

읽고 쓸 줄 아는 사람들의 비율이 지난 10년 동안 급격하게 높아졌다.

· The percentage of literate population has soared over the last ten years.

가독율이 지난 10년 동안 급격하게 높아졌다.

* 반대말 | illiterate 문맹의

impulsive

충동적인

Don't do things without thinking carefully.

신중하게 생각하지 않은 채 행동하지 마라.

· Don't be so impulsive.

그렇게 충동적으로 행동하지 마라.

occupational

직업의

Anorexia is a disease that a lot of models are likely to have.

거식증은 많은 모델들이 잘 걸리는 질병이다.

· Anorexia is an occupational disease for models.

거식증은 모델들의 직업병이다.

communicative

의사소통과 관련된

I want to develop the skills with which I can communicated with others very well.

나는 다른 사람들과 잘 의사소통하는 기술을 개발하고 싶다.

· I want to develop communicative skills.

나는 의사소통 기술을 개발하고 싶다.

therapeutic 심신을 안정시키는 효과가 있는

Taking a half-bath makes me feel relaxed and happy.

반신욕은 나의 기분을 편안하고 행복하게 해준다.

· Taking a half-bath is so therapeutic.

반신욕은 심신을 안정시키는 효과가 있다.

concensual 양 편이 동의한

She alleged rape, but he insisted she had agreed to having sex with him.

그녀는 강간당했다고 했지만, 그는 그녀가 그와 잠자리와 같이 하는 데 동의했다고 주장했다.

· She alleged rape, but he insisted it was a consensual sex.

그녀는 강간당했다고 했지만 그는 합의하에 이루어진 성관계였다 고 주장했다.

coronary 심장의

High fat foods trigger the diseases related to the heart.

고지방 식품이 심장과 관련된 질병을 일으킨다.

· High fat foods trigger coronary diseases.

고지방 식품이 심장 관련 질병을 일으킨다.

sustainable 지속 가능한

The whole nation aspires to an economic development that will not easily wither.

온 국민이 쉽게 시들지 않을 경제 발전을 열망한다.

· The whole nation aspires to a sustainable economic development.

온 국민이 지속가능한 경제 발전을 열망한다.

vicarious 대리만족의

Romantic comedies give us fictional satisfaction of what we'd like to have in real life.

로맨틱 코미디는 우리가 실제 생활에서 갖고 싶어 하는 것에 대한 가상의 만족을 제공한다.

· Romantic comedies give us vicarious satisfaction.

로맨틱 코미디는 대리 만족을 제공한다.

간결한 문장을 돕는 명사 모음

casualties

다치거나 사망한 사람들, 사상자

The number of the people who are injured or killed in the train accident is over 100.

그 기차 사고로 다치거나 죽은 사람들의 수가 백 명이 넘는다.

· The number of the casualties in the train accident is over 100.

그 기차 사고로 인한 사상자 수가 백 명이 넘는다.

---

minor

미성년자

It is illegal if a person whose age is under 19 gets married without their parents' permission.

19세 이하의 사람이 부모 동의 없이 결혼하는 것은 불법이다.

· It is illegal if a minor gets married without their parents' permission.

미성년자가 부모 동의 없이 결혼하는 것은 불법이다.

* 반대말 | adult 성인

---

co-worker

직장 동료

His beautiful smile endears him to the people he works with.

아름다운 미소로 그는 그가 같이 일하는 사람들에게 사랑받는다.

· His beautiful smile endears him to his co-workers.

아름다운 미소로 그는 직장 동료들에게 사랑받는다.

* 비슷한 말 | colleague 특히 전문직에 종사할 때의 동료

peer 나이나 사회적 지위가 같은 동료

---

proponent

찬성, 옹호하는 사람, 옹호자

People who support animal rights criticize the whaling industry fiercely.

동물의 권리를 옹호하는 사람들은 고래잡이 산업을 맹렬하게 비난한다.

· Animal rights proponents fiercely criticize the whaling industry.

동물의 권리 옹호자들은 고래잡이 산업을 맹렬하게 비난한다.

* 비슷한 말 | supporter, advocate, defender, backer
* 반대말 | opponent, opposer, objector, dissident 반대자

---

bully

작은 아이들을 괴롭히는 골목대장, 동네 깡패

The big boy who always scared little kids and often took their money chased after me.

늘 작은 애들을 겁주고 돈을 뺏기도 하는 덩치 큰 녀석이 나를 쫓아왔다.

· The bully chased after me.

그 깡패 같은 녀석이 날 쫓아왔다.

* 구별해야 할 말 | gangster 조직 범죄단의 일원

criminal 범죄자, robber 강도

blackmailer 말이나 글로 협박하는 사람

preschooler

미취학 아동

My aunt is writing books for the children who are not old enough to go to school.

우리 이모는 아직 학교에 가기에는 어린 아이들을 위한 책을 쓰고 계신다.

· My aunt is writing books for preschoolers.

우리 이모는 미취학 아동들을 위한 책을 쓰고 계신다.

* 비슷한 예 │ newborn 의학 용어로 신생아, toddler 아장아장 걷는 아이 adolescent, juvenile, teenager 청소년

celebrity

유명인

The glamorous fitness center was crowded with famous people.

그 으리으리한 헬스클럽은 유명한 사람들로 북적거렸다.

· The glamorous fitness center was crowded with celebrities.

그 으리으리한 헬스클럽은 유명인들로 북적거렸다.

drama queen

별 것 아닌 일로 호들갑 떠는 여자
(남자는 drama king)

My best friend always talks and behaves in a very exciting, exaggerating way.

내 단짝 친구는 언제나 매우 흥분되고 과장된 식으로 말하고 행동한다.

· My best friend is such a drama queen.

내 단짝 친구는 지독한 호들갑장이다.

pushover 남의 말에 잘 넘어가는 사람

He seems to think I will do anything that he tells me to.

그는 내가 그가 하란 것은 다 할 것으로 생각하는 듯 하다.

· He seems to think I am a pushover.

그는 나를 물러터진 인간으로 생각하는 듯 하다.

mastermind 배후 조종자, 주모자

Osama Bin Laden is the person who planned and organized the 911 terrorist attack.

오사마 빈 라덴은 911 테러를 계획하고 조종한 사람이다.

· Osama Bin Laden is the mastermind of the 911 terrorist attack.

오사마 빈 라덴은 911 테러의 배후 조종자다.

predecessor 선임자

I decided to keep the boat-shaped vase that the person who had previously worked in my position left for me.

내 자리에서 일했던 사람이 나를 위해 남겨둔 보트 모양의 꽃병을 간직하기로 했다.

· I decided to keep the boat-shaped vase my predecessor had left for me.

내 선임자가 나를 위해 남겨둔 보트 모양의 꽃병을 간직하기로 했다.

* 반대말 | successor 후임자

* 그 밖에 사람을 지칭하는 명사들 ㅣ
pedestrian 보행자, driver 운전자, part-timer 아르바이트생
macho 남자의 힘과 권위를 강조하는 남자, guard 수위
hunk 잘생기고 훤칠한 남자, interviewee 인터뷰 받는 사람
subject 실험 대상자, westerner 서구인, neighbor 이웃
ancestor 조상, bachelor 미혼 남, regular 단골, misfit 사회 부적응자
viewer 시청자, defector 탈주자, passenger 승객, protester 시위자
winner 수상자

expertise

전문지식

I can help you because I know a lot about computer programming.

저는 컴퓨터 프로그래밍에 대해서 많이 알고 있기 때문에 당신을 도울 수 있습니다.

· I can help you with my expertise in computer programming.

제가 가진 컴퓨터 프로그래밍에 대한 전문지식으로 당신을 도울 수 있습니다.

routine

판에 박힌 일상

If you are fed up with the same things that happen every day, call me.

매일 일어나는 같은 일들에 지쳤다면, 내게 전화해.

· If you are fed up with your daily routine, call me.

판에 박힌 일상에 지쳤다면, 내게 전화해.

stereotype 상투형

She doesn't fit the image that people usually have about a successful businesswoman.

그녀는 사람들이 흔히 생각하는 성공한 사업가로서의 이미지에 맞지 않는다.

· She doesn't fit the stereotype of a successful businesswoman.

그녀는 성공한 사업가의 상투형에 맞지 않는다.

cure-all 만병통치약

Ginseng can't cure all diseases.

인삼이 모든 질병을 치료할 수는 없다.

· Ginseng is not a cure-all.

인삼이 만병통치약은 아니다.

chore 집안 허드렛일

Many young husbands are willing to share the housework such as cleaning and washing.

많은 젊은 남편들은 청소나 설거지와 같은 집안일을 기꺼이 분담한다.

· Many young husbands are willing to share house chores.

많은 젊은 남편들은 집안의 허드렛일들을 기꺼이 분담한다.

felony 심각한 범죄, 중죄

Having a sexual intercourse with a minor is a serious crime even if it is consensual.

미성년자와 성관계를 갖는 것은, 비록 그것이 합의하에 이루어졌다 해도 심각한 범죄에 해당된다.

· Having a sexual intercourse with a minor is a felony even if it is consensual.

미성년자와 성관계를 갖는 것은, 비록 그것이 합의하에 이루어졌다 해도 중죄에 해당된다.

fling

어떤 일이나 취미를 잠시 즐긴 것

I used to smoke cigarettes for a short time when I was a freshman.

대학교 일학년 때 잠시 담배를 피웠던 적이 있다.

· I had a fling with cigarettes when I was a freshman.

대학교 일학년 때 잠시 담배를 피웠던 적이 있다.

hiatus

공백 기간

The pop diva stopped singing for three years due to her drug problem.

그 팝의 여왕은 마약 문제로 삼 년 동안 활동을 하지 않았다.

· The pop diva had a three years' hiatus due to her drug problem.

그 팝의 여왕은 마약 문제로 삼 년 간의 공백기간을 가졌다.

flop

흥행에 완전히 실패한 작품

His recent movie completely failed to attract

people.

그의 최근 영화가 사람들의 관심을 끄는 데 완전히 실패했다.

· His recent movie was a flop.

그의 최근 영화는 참패했다.

* 반대말 ㅣ hit, blockbuster 흥행 성공작

---

self-image 자신에 대한 이미지, 자아상

A good job helps us have a good image about
ourselves.

좋은 직장은 우리가 우리 자신에 대한 좋은 이미지를 갖는 데 도움을 준다.

· A good job helps us have a good self-image.

좋은 직장은 좋은 자아상을 갖는 데 도움을 준다.

* 비슷한 예 ㅣ self-knowledge 자기인식, self-esteem 자부심
  self-analysis 자기분석, self-defense 정당방위
  self-pity 자기연민, self-blame 자기비난
  self-control 자아통제

지금까지 거론한 간결 표현·구문들을 사용하여 '헨젤과 그레텔' 이야기를 각색해 보았습니다. 복습 겸 재미삼아 읽어 보세요.

Hansel and Gretel

Once upon a time, a woodcutter lived in a small village
(불필요 | there was) (불필요 | who)

near the Black Forest. This robust man had two children:
(어휘 | very strong) (단문, 구두점 |

ten-year-old son named Hansel and seven-year-old daughter,
children. They are) (불필요 | who was)

Gretel. He also had a beautiful young wife. After his first wife,

Hansel's mother, was killed by a deadly plague several months
(불필요 | who was) (어휘 | very dangerous)

before, he met the girl in the nearby forest and married her. She

was an excellent cook. The mouth-watering food she made
(어휘 | very good) (어휘 | food that made their mouths water)

endeared her to the family. Her rabbit meat stew especially
(불필요 | stew of rabbit meat)

gratified their taste.

On a late spring day, the father was conscripted for a war
(어휘 | forced to join the army)

against a neighboring country. He soothed his young, feeble-
(어휘 | country situated right next to his country) (어휘 | wife

minded wife with these words: 'Don't worry, sweetheart. I'll
who has a feeble mind)

come back soon. Take care of the children.' And he said to

his son in a <u>stern</u> voice, 'Don't go near the Black Forest.
(어휘 | very strict)

Never forget that in the dark woods a <u>horrible</u> old witch is
(어휘 | very bad)

always waiting for children for their tender flesh. Take care

of your sister and help your mother.' The family said goodbye

to him in tears.

A couple of weeks later Hansel, <u>getting</u> tired of doing
(단문, 부사구 | as he got)

chores, felt like jumping into an adventure. The sparkling

green leaves of the Black Forest seemed to <u>beckon</u> him. An
(어휘 | wave their hands to)

<u>invisible babbling stream and bustling creatures</u> in the forest
(불필요 | the babbling sound of the invisible stream and the bustling sound of the creatures)

kept calling his name; furthermore, he wanted to taste again

his step mother's rabbit meat stew, which he'd never had

since his father left. The boy thought, 'I know how to catch

a rabbit. I'll bring mother some meat to cook.' But he knew

too well that his stepmother wouldn't let him go into the

forest; he decided to <u>sneak out of the house</u> at dawn.
(문장 압축, 구두점 | forest. Therefore he)   (어휘 | leave the house secretely)

In the early morning on the next day, <u>the sleepy-eyed sun</u>
(단문, 물주주어 | when the sun that had

<u>was seeing</u> a boy and a girl walking toward the forbidden
sleepy eyes were seeing)

territory. Hansel <u>couldn't shake off</u> his little sister, whom
(어휘 | couldn't managed to get away from)

he had woken up <u>on the way</u> to the door. <u>Clutching</u> Gretel's
(단문, 전치사구 | when he was going)   (어휘 | holding tightly)

hand in one hand and a rope in the other, Hansel took his

<u>resolute</u> steps into the Black Forest.
(어휘 | very determined)

The Black Forest wasn't black at all; it was full of light
(문장 압축, 구두점 | at all. On the contrary, it)

and wonder. The innocent children chased after squirrels,

picked fruits and flowers, rolled down sloping <u>grass hills</u>,
(불필요 | hills of grass)

and <u>splashed</u> in the crystal clear water. <u>What pleased them</u>
(어휘 | played splashing)   (물주주어 | What they felt pleased about)

most, of all the fun they had, was a plump gray rabbit_
(불필요 | that was)⌐

throbbing with its one leg in the snaring rope.

Not until they were ready to head for their home,

however, did the children realize <u>the whole forest had been</u>
(어휘 | the dusk had covered the whole forest like

<u>blanketed with dusk</u>. They hurriedly <u>retraced their way</u>.
a blanket)   (어휘 | returned by going back along the same route)

But <u>their</u> <u>trotting steps couldn't outrun</u> the darkness of the
(어휘 | their small quick steps couldn't be faster than)

Black Forest. <u>Terrified</u>, Gretel began to <u>whimper</u>, 'What
(단문, 부사구 | As she was terrified)   (어휘 | talk in frightened, tearful voice)

should we do? Papa said there's a witch · · ·' Hansel looked

up. It was <u>a cloudless</u> night. The full moon, _hung above the
(어휘 | there was no cloud in the sky)   ⌐(불필요 | that was)

172

tallest black trees, shined on <u>the panic-stricken young faces</u>

(어휘 | the young faces that were stricken by panic)

<u>The full moon led the poor children to</u> a humble <u>cottage,</u>

(물주주어 | The poor children followed the moonlight and arrived at)　　(단문, 부사구 |

<u>its windows lighted and the door open</u>. Smell of delicious

cottage, and its windows were lighted and the door was open)

food was sneaking out of the door. They didn't dare to go

into the house at first, <u>but the chilly night air, extreme hunger</u>

(단문, 물주주어 | because the night air was chilly and they were

<u>and the fear of the darkness pushed their back</u> into the

extremely hungry and afraid, they were forced to walk)

strange house. There was none inside. On <u>the wooden table</u>

(어휘 | table made of wood)

were laid dark brown bread, grilled vegetables and steamy

stew. The hungry children, <u>forgetting all their fears, dashed</u>

(단문, 부사구 | children forgot all their fears and dashed)

to the table and began to <u>devour</u> the food. The stew especially

(어휘 | ate the food greedily)

was tasty, just like the one their stepmother used to make for

them. <u>Wolfing down the stew</u>, Hansel <u>mumbled</u>, 'This is

(부사구, 어휘 | While he was eating the stew greedily like a wolf)　(어휘 | said in small,

good. Really good.'

inaudible voice)

At that moment a skinny old woman came in. Their eyes

<u>locked</u> for a second. Her distorted face was <u>all dotted with</u>

(어휘 | met and didn't move)　　　　　　　　　(어휘 | full of dots of)

ugly tumors and blisters, and her body was stooped. The

frightened children <u>scurried</u> under the big bed and <u>balled</u>

(어휘 | move quickly)　　(어휘 | made their body like a ball)

up their body not to be caught by the witch's sharp claws.

'Children, don't be afraid. I'm not eating you. I'm not

even angry at you. I'm glad you ate the food.' Her voice
(간결 부사 | It was surprising that

was surprisingly sweet. But the children couldn't believe
her voice was so sweet)

the monster-faced creature wouldn't harm them. The old
(어휘 | creature whose face was like a monster)   (어휘 | physically hurt)

woman thought, 'They won't come out soon. I'll just have

to wait.' She sat in the chair in front of the fireplace and
(불필요 | that was)

tossed more firewood into it.
(어휘 | lightly throw)

Some time later Hansel and Gretel woke up to a loud
(단문, 전치사구 | when they heard)

snore. They carefully crawled out of the dark place where

they had been hiding and saw the witch drowsing in front
(단문, 지각동사 | saw the witch was drowsing)

of a big pot above the blazing fire. 'She must have been
(불필요 | that was)   (압축구문 | It is certain she was

preparing to cook us,' Hansel talked to himself. He looked
preparing)

around the place. His rabbit was seen nowhere; only the

loosened rope was on the dirty floor. The boy picked up the
(어휘 | rope that was loosened)

rope and tied the woman's ankles with it. He snatched up a
(어휘 | quickly seized)

piece of glowing firewood to put it onto the bed sheet,

curtains and rugs. The brother and the sister <u>rushed</u> out of
(어휘 | went very quickly)

the burning cottage. The pitch darkness was no longer

intimidating to the children_listening to the <u>horrible</u> screams
(불필요 | who were) (단문, 부사구 | while they were listening)

from inside.

When another dawn appeared, the children left the big

pile of ashes. Searching for the way home, Hansel thought,

'<u>I should have listened to my father</u>. If I hadn't killed the
(압축구문 | I had to listen to my father, but I didn't)

witch, we would be in her boiling pot by now. We <u>survived</u>
(어휘 | went

<u>the terrible night</u> and I got this glittering thing too.' He
through the terrible night but we are still alive)

<u>fingered</u> <u>the sapphire-studded gold necklace</u> in his pocket,
(어휘 | touched with her fingers) (어휘 | gold necklace that sapphires were studded on)

which he had taken from a nail on the wall.

With the help of a hunter they ran into in the forest, they

finally came back home. They <u>bust into</u> the door to find
(어휘 | suddenly entered)

their stepmother sitting in a chair with her eyes closed. The

children <u>chorused</u>, 'Mother! Look what we've got.' The eyes
(어휘 | shouted at the same time)

she slowly opened were bloodshot. The pale lips she slowly

parted were getting even paler.

'What is that?' asked she, rising on her feet.

'It's a treasure! We took this from the horrible witch we

met in the forest. We killed it! <u>We burned it to death</u>!'

<small>(단문, 전치사구 | We burned it and it was dead)</small>

She slowly <u>reached for</u> the necklace and took it to her heart.

<small>(어휘 | moved her arm to touch)</small>

As soon as her heart felt the thing that used to be her favorite

toy, she exclaimed in piercing pain.

'Oh, mother!'

Then she collapsed onto the floor. The innocent children

stared at each other for a long time.